Jutta Leskovar

Wicca · Kelten · Schamanen

Archäologische Fakten und Fiktionen im Neuheidentum

VERLAG ANTON PUSTET

Jutta Leskovar

Wicca Kelten Schamanen

Archäologische Fakten und Fiktionen im Neuheidentum

VERLAG ANTON PUSTET

Impressum

Bibliografische Information der Deutschen Nationalbibliothek
Die Deutsche Nationalbibliothek verzeichnet diese Publikation in der Deutschen Nationalbibliografie; detaillierte bibliografische Daten sind im Internet über http://dnb.d-nb.de abrufbar.

Grafik, Satz und Produktion: Tanja Kühnel
Lektorat: Markus Weiglein
Druck: Florjančič tisk d.o.o.
Gedruckt in der EU

ISBN 978-3-7025-1095-4

Auch als eBook erhältlich
eISBN 978-3-7025-8109-1

www.pustet.at

Wir bemühen uns bei jedem unserer Bücher um eine ressourcenschonende Produktion. Alle unsere Titel werden in Österreich und seinen Nachbarländern gedruckt. Um umweltschädliche Verpackungen zu vermeiden, werden unsere Bücher nicht mehr einzeln in Folie eingeschweißt. Es ist uns ein Anliegen, einen nachhaltigen Beitrag zum Klima- und Umweltschutz zu leisten.

Inhaltsverzeichnis

Vorwort

Sich als Archäologin mit dem Neuheidentum auseinanderzusetzen, basiert in meinem Fall auf großem persönlichem Interesse an dieser Szene. Live beobachten zu können, wie Religionen entstehen, die noch dazu eine deutliche Nähe zu meinem Fachbereich aufweisen, empfinde ich als spannend. Diese Faszination ist in meinem Fall außerdem älter als die ernsthafte wissenschaftliche Beschäftigung mit der Vergangenheit. De facto hat mich das Interesse an rückwärtsschauenden neureligiösen Strömungen in meiner Teenagerzeit erst zum Studium der Ur- und Frühgeschichte geführt. Die Jahre des Studiums waren jedoch (mutmaßlich?) prägender als die vorangegangene Zeit des allgemeinen Interesses an Vergangenheit und Neuheidentum. Dies mag auch der Grund sein, weswegen bei allem Interesse am Forschungsgegenstand Neuheidentum und einer grundlegenden großen Toleranz diesen Glaubensrichtungen gegenüber eine gewisse Distanz unüberwindbar geblieben ist. Oder, um es so zu sagen: Der Versuch, manch spirituelle Stimmung nachvollziehen zu können, scheitert für die Wissenschaftlerin in mir spätestens an Aussagen wie „[…] und auch die Kelten haben in der Nacht der Wintersonnenwende schon geräuchert".

Ich versuche mich dem Thema also mit dem methodischen und inhaltlichen Rüstzeug der Prähistorikerin zu nähern. Als aus der protestantischen Kirche Ausgetretene (in einem überwiegend katholischen Land) hindert mich auch keine besondere Nähe oder

Beziehung zum Christentum, das Neuheidentum auf neutrale (und somit zumindest nicht feindliche) Weise zu betrachten. Es fällt mir persönlich leicht, neuheidnische Aufrufe zur Nutzung der persönlichen Gestaltungsfreiheit beispielsweise von Ritualen als aufrichtig zu empfinden, ebenso die häufig formulierte Toleranz gegenüber Andersgläubigen, die Ablehnung von hierarchischen Strukturen, die Bedeutung von Umweltschutz, Achtsamkeit gegenüber der Natur und dergleichen.

Gewisse Denkweisen, wie sie manchmal beispielsweise im germanischen oder osteuropäischen Neuheidentum zu finden sind, lehne ich allerdings vehement ab – es kann nicht toleriert werden, wenn Themen und Wortwahl nahe an Nationalsozialismus und Rassismus rücken. Die Dinge, Themen und Menschen hier säuberlich voneinander zu trennen und nicht das gesamte Neuheidentum zu verteufeln, erscheint mir nicht nur aus wissenschaftlicher Sicht methodisch korrekt zu sein, sondern soll auch den Praktizierenden gerecht werden, die eben nicht samt und sonders in einer Ecke mit Neonazis stehen.

Letztendlich führt meine enge persönliche Nähe zum Core-Schamanismus zu einem zumindest teilweisen „Insider-Status", der sich auf meine wissenschaftliche Beschäftigung mit dem Thema zwar nicht auswirken sollte, es jedoch zweifellos tut[1] – vielleicht aber weniger verfälschend oder verzerrend, sondern möglicherweise sogar nutzbringend.

So geht es mir um eine säuberliche Trennung der zu analysierenden Elemente: Wenn zum Beispiel eine Wicca-Praktizierende in einem Ritual, in dem sie um Unterstützung für ein Bewerbungsgespräch bittet, eine keltische Göttin anruft (an deren Existenz sie glaubt oder auch nicht), weil sie in einem Buch gelesen hat, dass „die Kelten" diese Göttin bereits um 700 v. Chr. verehrt haben sollen, dann möchte ich als Prähistorikerin höflich einwerfen, dass „die Kelten" ein kompliziertes Konstrukt sind, das nicht eindeutig mit der Zeit um 700 v. Chr. zu verknüpfen ist. Und dass die Quellenlage für diese konkrete Göttin eher eingeschränkt ist, wir also nicht wissen können, ob sie in der Urgeschichte für das prähistorische Äquivalent eines Bewerbungsgespräches zuständig war. Ich stelle jedoch nicht infrage, dass die Praktizierende vollkommen frei ist, sowohl an die Zuständigkeit der Göttin als auch ihre historische Einbettung, ihre Anbindung an wie auch immer geartete Kelten (und damit an eine sehr gute Quellenlage) zu glauben sowie von der Wirksamkeit ihres Rituals überzeugt zu sein, welches sie nach eigenem Gutdünken durchführen darf, solange sie niemandem – und keiner Fundstelle – schadet. Darüber hinaus besteht aus meiner Sicht die Möglichkeit, dass diese Göttin tatsächlich existiert und hilfsbereit ist – oder zumindest ihre Anrufung den gewünschten Effekt tatsächlich hervorruft. Ich muss nicht selbst an diese konkrete Göttin glauben, um ihre Existenz für möglich zu halten oder die Wirksamkeit des Rituals, in dem sie eine Rolle spielt.

Dies ist der Maßstab, den ich an meine Beschäftigung mit dem Neuheidentum lege und dem ich – nach bestem Wissen und Gewissen schreibend – zu entsprechen hoffe. Somit werde ich zum besseren Verständnis Glaubensinhalte und Rituale des Neuheidentums im Laufe dieses Buches zwar beschreiben, sie aber nur hinsichtlich der Einbindung von archäologischen Inhalten kommentieren, in der Hoffnung, dass dies nicht als (Ab-)Wertung interpretiert wird.

Mein Dank gilt Christian Hemmers, Christina Schmid und meinen Kindern für die vielfältige Unterstützung während der Entstehung dieses Buches sowie – stellvertretend für den Anton Pustet Verlag – Tanja Kühnel für die grafische Umsetzung und Markus Weiglein für die aufmerksame Verfeinerung des Textes und die Begleitung dieses Projektes.

Jutta Leskovar,
im Sommer 2023

Einleitung

Die Suche nach einer konkreten Ursprünglichkeit

Die Beschäftigung mit vergangenen Kulturen zieht zahlreiche Menschen mehr oder weniger stark in ihren Bann. Dabei ist die Motivation jeweils ganz unterschiedlich. Viele haben einfach vages Interesse am Leben von Menschen in früheren Zeiten, manche konnten die Erforschung der Vergangenheit im Bereich der Geschichtswissenschaft oder der Archäologie zu ihrem Beruf machen, und einige haben ihre historische oder archäologische Begeisterung mit einer ganz speziellen Form von Religiosität beziehungsweise Spiritualität verknüpft.

Unter dem allgemeinen Begriff des Neuheidentums haben sich in den letzten Jahrzehnten zahlreiche spirituelle Strömungen entwickelt, welche sich explizit auf teilweise weit zurückliegende Perioden der Menschheitsgeschichte beziehen. Diese neuen Religionen wurden häufig von einzelnen Menschen auf Basis der Kenntnisse über die Vergangenheit regelrecht entwickelt und kreiert. Historisch betrachtet geschah dies erst kürzlich, und nicht nur darin unterscheidet sich das Neuheidentum von den meisten anderen gut bekannten spirituellen Systemen. Die fünf großen Weltreligionen – Christentum, Islam, Judentum, Buddhismus und Hinduismus – haben eine ganz konkrete und teilweise genau bekannte historische Entwicklung hinter sich, die sich über Jahrhunderte und sogar Jahrtausende zurückverfolgen lässt. Der überwiegende Großteil der Gläubigen dürfte wohl in die jeweilige Religion hineingeboren worden sein und übernahm die Vorstellungen und Praktiken der eigenen Herkunftsfamilie. Religion ist somit überwiegend weniger bewusste Entscheidung als vielmehr die Pflege einer historisch gewachsenen Tradition, was noch nichts über die individuelle Tiefe des Glaubens aussagt. Wie weit wiederum die teilweise lange historische Entwicklung der eigenen Religion – deren ungefähre Kenntnis innerhalb der Gruppe der Gläubigen wohl vorausgesetzt werden kann – als Legitimationsfaktor betrachtet wird, ist schwer zu beurteilen.

Von großer Bedeutung für die Legitimation dessen, was geglaubt und praktiziert wird, ist die Vergangenheit jedoch für die Praktizierenden innerhalb des Neuheidentums. Denn das Neuheidentum ist ohne bestimmte Vorstellungen von Vergangenheit nicht denkbar. Bereits im Namen klingt dies an: Hätte es nicht „Altheiden" im Sinne „ursprünglicher" Heiden gegeben, wäre der Begriff „Neuheiden" unsinnig. Die Vergangenheit, auf die sich Neuheid*innen beziehen, ist jedoch nicht irgendein völlig undefiniertes, mythologisches Dunkel, ein paradiesischer Zustand, vergleichbar dem biblischen Ort der ersten Menschen. Vielmehr handelt es sich dabei um unsere prähistorische, vorchristliche Vergangenheit in Europa.[1] Es geht um mehr oder weniger konkret definierbare Perioden, um Zeitabschnitte, die Gegenstand wissenschaftlicher (archäologischer) Beschäftigung, nicht theologischer Diskussionen sind. Im Zentrum des Interesses steht etwas, das *vorher* war. Und zwar *vor* jener Religion und jener Kultur, die unsere heutige Kultur entscheidend geprägt hat: das christliche Abendland des Mittelalters und der Neuzeit. Mittelalter und Neuzeit sind zweifellos vergangene Perioden, sie sind unsere konkrete, jüngere Vergangenheit – wobei „jünger" ein relativer Begriff ist und nur mit Blick auf die ältere, prähistorische Vergangenheit passend erscheint. Für Neuheid*innen ist jedoch die Zeit davor ausschlaggebend.

Man sucht sich mit jenen Perioden der Menschheitsentwicklung zu identifizieren, die in sicherem Abstand zum Heute stehen. Je nach genauer Färbung der jeweiligen neuheidnischen Gruppe begibt man sich gedanklich und legitimierend ins Vorrömische und/oder Vorchristliche. Anbindungsversuche an angebliche Hexenreligionen (vor allem im Fall von Wicca), die die Zeiten der Hexenverfolgung der Frühen Neuzeit überlebten, können dabei nicht über den Wunsch hinwegtäuschen, sich an etwas noch Älteres anbinden zu wollen. Die angeblichen Held*innen der Hexenverfolgungen, die Opfer, stellen zwar willkommene Identifikationsfiguren dar, doch das Zeitalter der offen von allen praktizierten Hexenreligion stellt man sich in der vorchristlichen Urgeschichte vor. Hier wird allerdings völlig übersehen, dass es zwischen Urgeschichte und Römerzeit (oder Frühgeschichte und Mittelalter) zwar nicht immer einschneidende Brüche in der kulturellen Entwicklung gab, dennoch aber signifikante Unterschiede zwischen verschiedenen Perioden und Räumen, die aufgrund von großem zeitlichem und geographischem Abstand nicht nur anzunehmen, sondern auch belegbar sind.

Beschreibungen der konkreten Vergangenheit, auf die sich Neuheid*innen beziehen, sind stark geprägt von einem Bild eines „Goldenen Zeitalters". Dabei liegt es sichtlich im Interesse des Neuheidentums, sich nicht nur über eine ferne Vergangenheit zu legitimieren, sondern außerdem über eine, die besonders lange ungebrochen andauerte. Die Urgeschichte reicht *per definitionem* von der Entstehung des anatomisch modernen Menschen vor ca. vier Millionen Jahren bis zur Ankunft der Römer in den jeweiligen europäischen Gebieten. Eine Traditionslinie in die Urgeschichte zu ziehen, scheint häufig mit dem Gedankengang verbunden, hier eine Art religiösen Urzustand identifizieren zu können, der, zwar im Detail leicht unterschiedlich, im Grunde jedoch von allen Menschen der Jahrtausende vor den Römern geglaubt und praktiziert wurde. Es geht somit nicht nur um die Ablehnung konkreter Religionen (Christentum) und Missstände der modernen Welt (Umweltzerstörung, Technisierung, Globalisierung). Es geht um den Versuch, eine konkrete Ursprünglichkeit wiederzufinden, somit ein Etwas, das irgendwann einmal da gewesen sein und alle Menschen verbunden haben muss – und das am Weg ins Heute verloren ging. Es geht um nichts weniger als die Wiedererweckung eines Paradieses, das man sich für die Urgeschichte konkret vorstellt, und im Jetzt noch viel konkreter wieder haben möchte.

Allen Bekenntnissen von Neuheid*innen zum Trotz, es wäre ihnen bewusst, dass es sich beim Neuheidentum um eine ausschließlich moderne Entwicklung handelt, beziehen sich sämtliche neuheidnischen Strömungen auf eine zumeist prähistorische, vorchristliche Vergangenheit. Es gibt keltisches, römisches, germanisches, slawisches, griechisches, ägyptisches usw. Neuheidentum, auf Göttinnen fokussierte Religionen (die sogenannte Göttinnenspiritualität) sowie Wicca (Neue Hexen). Sie alle würden nicht funktionieren und hätten sich niemals etabliert, wenn es nicht Menschen gegeben hätte, die mit einer gewissen Sehnsucht in die Vergangenheit blickten. Es ging und geht nicht nur um die Sehnsucht, etwas über die Vergangenheit zu *wissen*. Es geht vor allem auch darum, aufgrund des Wissens etwas angeblich Wiedererstandenes in unserer modernen Welt *manifestieren* zu können – und zwar jetzt. Das Neuheidentum möchte nicht nur einen Funken eines verlorenen Zeitalters in die Gegenwart bringen. Das *Vorher* wird als ursprünglicher betrachtet, und darum als besser und echter: besser für Mensch und Umwelt, und echter bezogen auf seine spirituelle Wahrheit.

Wozu dieses Buch?

In den folgenden Kapiteln werde ich zeigen, wie sich der konkrete Bezug der neuheidnischen Religionen zur (prä-)historischen Welt heute darstellt und welche Meinungen dazu in der wissenschaftlichen (archäologischen) Welt existieren. „Sehnsucht nach Vergangenheit" ist in diesem Zusammenhang – in Verknüpfung mit „Spiritualität" – ein definierender Faktor bei der Auswahl der konkreten Themen in diesem Buch, also ein eingrenzendes Kriterium des Gegenstands.

Dementsprechend geht es nicht um esoterische Weltbilder aller Art, die sich beispielsweise in Fernöstlichem verorten, ebenso wenig um Reinszenierungen (Reenactment, Living History). Mittelalterfeste durch die Errichtung und tagelange Nutzung eines Zeltes zu beleben, weist durchaus auf eine gewisse spielerische Lust an der Vergangenheit hin: auf die Freude, etwas wiederzubeleben, was lange zurückliegt. Einzelne Mitglieder solcher Gruppen sind eventuell selbst Neuheid*innen, doch ist dies keine Voraussetzung. Der religiöse Aspekt, der meiner Ansicht nach dem Moment der Sehnsucht eine ganz bestimmte Färbung verleiht, ist in dieser Szene nicht ungebrochen anzutreffen. Auf ähnliche Weise fehlt zahlreichen modernen esoterischen Strömungen jener Aspekt der Hinwendung zur (europäischen, prähistorischen) Vergangenheit, der für das Neuheidentum so typisch ist – entsprechend haben sie nicht Eingang in die Themensammlung dieses Buches gefunden.

Jenny Blain und Robert Wallis haben sich im Rahmen der Beschäftigung mit für das Neuheidentum bedeutenden britischen Fundorten wie Stonehenge oder Avebury mit dem Begriff der Verzauberung *(enchantment)* in Bezug auf das Neuheidentum auseinandergesetzt.[2] Dies scheint mir der konkrete Aspekt zu sein, dem die Sehnsucht gilt, weil er in der modernen Gegenwart zu fehlen scheint und deshalb hergeholt werden soll – im Falle des Neuheidentums aus der Urgeschichte.

Ziel dieses Buches ist es nicht, die typischen Argumentationsweisen, Deutungen und Selbstzuschreibungen von Neuheid*innen möglichst umfassend als unwissenschaftlich zu entlarven oder lächerlich zu machen. Das Neuheidentum steht ja gerade außerhalb der Wissenschaft, selbst wenn es ihre Ergebnisse nutzt, und muss sich nicht auf die gleiche Weise ihren Methoden unterwerfen. Es kann mit den wissenschaftlich erarbeiteten und veröffentlichten Ergebnissen argumentativ machen, was es will. Aber Interessierten aller Art soll in diesem Buch wiederum jenes wissenschaftliche Wissen, das auf ganz eigene Weise vom Neuheidentum genutzt wird, zur Verfügung gestellt werden, so wie es dem derzeitigen Forschungsstand entspricht – das betrifft auch die methodischen Probleme der Interpretation, die ebenso klar formuliert werden sollen. Leser*innen sollen mit diesem Buch etwa einen einfachen Zugang zu der Information bekommen, dass beispielsweise Wicca argumentativ Inhalte zusammenführt, die Jahrzehntausende auseinanderliegen. Für die wissenschaftliche Rekonstruktion eines kulturellen Phänomens ist das methodisch undenkbar – für die Rekonstruktion einer Religion mag dieses eklektizistische Vorgehen aber durchaus ausreichend und sogar völlig gerechtfertigt sein.

Ein Punkt erscheint mir in diesem Kontext besonders wichtig: Die Freiheit, die eigene Religion oder Spiritualität wählen zu dürfen, halte ich für ein wesentliches Gut unserer modernen westlichen Zivilisation. Es ist schlichtweg zu respektieren, was geglaubt und praktiziert wird, solange dabei niemandem geschadet wird – was im Übrigen eine häufig zitierte Grundlage neuheidnischen Denkens ist.

Forschungen und Quellen

Der Großteil der für dieses Buch genutzten Quellen sind gedruckte Veröffentlichungen. Mein Bild des Neuheidentums ist darüber hinaus zweifelsohne auch vom Internet geprägt sowie von persönlichen Erfahrungen durch Kontakte mit Neuheid*innen. Diese ergänzen jedoch nur das Bild, wie es sich mir aus der einschlägigen Literatur darstellt. Darüber hinaus bauen meine Aussagen auf einigen Online-Umfragen auf, die im Rahmen eines Forschungsprojektes von mir ursprünglich im deutschsprachigen Raum – später auch englischsprachig – durchgeführt wurden und mittlerweile von Kolleg*innen in anderen europäischen Ländern weiterbetreut werden.[3]

Ein prägender Faktor des Neuheidentums ist seine Heterogenität und die bestehende Meinungsvielfalt. Es ist sehr schwierig, die Gesamtheit der Meinungen zum Verhältnis von Vergangenheit und

Neuheidentum, die beispielsweise innerhalb des slawisch konnotierten osteuropäischen Neuheidentums kursieren, zusammenfassend zu präsentieren. Das Internet als Quelle für diese Meinungen ist zwar höchst wertvoll, allerdings noch weniger zu überschauen als die neuheidnische gedruckte Literatur. Auch weil das gedruckte Buch als Quelle für mein hier dargestelltes Bild des Neuheidentums langlebiger und damit nachvollziehbarer bleibt als Einträge in einschlägigen Internetforen, habe ich ihnen weitgehend den Vorzug gegeben. Natürlich ist es außerdem verlockend, in den Autor*innen neuheidnischer, oft grundlegender Werke gewissermaßen die Autoritäten ihres Bereiches zu sehen, die viel gelesen und rezipiert werden.

Wie schon eingangs erwähnt, möchte ich durch die Präsentation des neuheidnischen Weltbildes in wesentlichen Büchern auch zeigen, wie stark der Vergangenheitsbezug immer noch ist, selbst wenn zahlreiche Protagonist*innen der Szene vielleicht darin nur noch den ursprünglichen Ausgangspunkt der Entwicklung ihrer Religion sehen. Ich bin überzeugt, dass auch das derzeitige Neuheidentum nicht weniger von Gedanken an und Sehnsucht nach der Vergangenheit geprägt ist als zum Zeitpunkt seiner Entstehung in der ersten Hälfte des 20. Jahrhunderts. Möglicherweise haben sich die Sichtweisen stark verändert, was die Phasen zwischen der fernen Vergangenheit und diesem Entstehungszeitraum anbelangt. Es geht um die auch innerhalb des Neuheidentums diskutierte Frage, ob und wie „altheidnische", also prähistorische religiöse Strukturen die Zeit des Christentums überdauerten. Hier scheint die Szene immer stärker der Meinung zuzuneigen, es wäre mit der Entstehung des Neuheidentums eher zu einer Wiederbelebung und Neuerfindung als zu einem Aufwecken aus dem Untergrund gekommen.[4]

Viele der anzusprechenden Themen sind bereits Gegenstand intensiver Beschäftigung durch Angehörige unterschiedlichster Disziplinen gewesen. Dem Neuheidentum wurden mittlerweile bereits zahlreiche Publikationen und Forscher*innenleben gewidmet.[5]

Einige Wissenschaftler*innen scheinen der Szene selbst sehr stark nahezustehen oder bezeichnen sich als Praktizierende.[6] Zur Esoterik als weltanschauliches Konstrukt, in das nach einigen Definitionen, denen auch ich mich anschließe, das Neuheidentum eingebettet ist, wurden bereits unüberschaubare Mengen an Publikationen verfasst.[7] Eine Beschäftigung aus archäologischer Sicht findet immer noch vergleichsweise selten statt. Hierbei bildet in gewisser Weise das germanische Neuheidentum eine Ausnahme, dem vor allem im deutschsprachigen Raum viel akademische Aufmerksamkeit gewidmet wurde, was aufgrund der häufig problematischen Nähe zu rechten Weltanschauungen nur folgerichtig ist.[8] Allerdings war in diesem Zusammenhang seltener die Archäologie beteiligt, die sich eher mit der Verknüpfung ihres eigenen Faches mit dem Nationalsozialismus befasst hat.[9] Dennoch wurden seit den ersten kleineren Beiträgen zum Phänomen Neuheidentum aus den frühen 1990er Jahren immer mehr Untersuchungen auch aus archäologischer Sicht verfasst.[10] Im englischsprachigen Raum haben sich vor allem Robert Wallis und Jenny Blain – beide habe ich bereits erwähnt – dem Phänomen aus archäologischer Sicht gewidmet, hauptsächlich mit Fokus auf für neuheidnisch Praktizierende bedeutende Fundorte *(sacred sites)*.[11] Zu nennen ist außerdem Literatur zum Thema (Neo-)Schamanismus.[12] Eine Gesamtschau auf religiös konnotierte Denkrichtungen mit archäologischen bzw. vergangenheitsbezogenen Vorzeichen existiert jedoch aus Sicht der Archäologie bisher nicht.

Der unschätzbare Wert der Archäologie

Wann ist das Neuheidentum entstanden? Wer waren die ersten modernen Druiden, Hexen, Neogermanen, Kemetisten, Anhänger von *Native Faith?* Wo liegen – chronologisch gesprochen – die Wurzeln eines Phänomens, welches für viele Menschen der modernen Welt von großer persönlicher Bedeutung ist? Diese Fragen mögen für einzelne Praktizierende von geringer Bedeutung sein, für das

Neuheidentum in seiner Gesamtheit sind sie aber überaus wesentlich. Denn eine Religion muss sich legitimieren, um glaubhaft zu sein. Vergangenheit eignet sich dafür ganz hervorragend. Möglicherweise gilt: je älter, desto erprobter. Wenn etwas jedoch älter als die etablierten Religionen sein soll, befinden sich jene Perioden, auf die man sich zu beziehen versucht, zumindest in weiten Teilen Europas in der Schriftlosigkeit. Archäologische Quellen bleiben dann als einzige wesentliche Quelle übrig, wenn es darum geht, vorchristliche prähistorische Religionen zu (re-)konstruieren. Genau hier befindet sich die Schnittstelle zwischen Neuheidentum und Archäologie.

Barbara J. Davys Standardwerk „Introduction to Pagan Studies“[13] bezieht sich nur ganz selten auf Archäologie, obwohl sie sich sehr detailreich und genau mit den literarischen Quellen und Inspirationen des Neuheidentums seit dem 19. Jahrhundert befasst. Nun zeigen meine eigenen Studien[14], dass Archäologie quantitativ gesehen durchaus keine so große Rolle bei der Beschreibung der vermeintlichen Entstehungsgeschichte neuheidnischer Religionen spielt wie beispielsweise Sagentexte oder Werke der verschiedensten „Gründereltern“ des Neuheidentums, über die noch zu berichten sein wird. Aber Archäologie spielt eine ausreichend große Rolle, um mit Fokus darauf und aus dem Blickwinkel der prähistorischen Archäologie neuheidnisches Denken zu beschreiben. Der legitimierende Wert von Archäologie wird also nicht sehr häufig genutzt, aber er ist dennoch sehr hoch.[15] Literarische Quellen können komplexe Zusammenhänge beschreiben, sie können lebendige Bilder angeblichen rituellen Verhaltens in der Vergangenheit schaffen. Archäologie jedoch verfügt über die zumeist anerkannte Deutungsmacht über die Dinge – und Dinge haben Bedeutung im Neuheidentum: Kessel, Dolche, Stäbe usw. finden allesamt Verwendung in neuheidnischen Ritualen. Manchmal ist es für Neuheid*innen wichtig, in diesem Zusammenhang Kontinuität nachzuweisen. Beispielsweise werden Kessel aus archäologischen Kontexten diesbezüglich argumentativ herangezogen. In besonderen Fällen nutzen Neuheid*innen prähistorische Objekte aber sehr wohl auch, um komplexere Weltbilder zu schaffen und für ihre Leser*innen darzustellen – hier ist etwa der berühmte Kessel von Gundestrup mit seinen szenischen Darstellungen ein sehr gutes Beispiel, über das noch zu sprechen sein wird. Der wesentliche Vorteil archäologischer Quellen gegenüber schriftlichen Quellen ist aber ein anderer: Sie sind viel älter.

„Science is an attractive legitimator because of its high social status and because of the popular view of science as an objective arbiter of reality."[16] Dieses Zitat beantwortet sehr gut die Frage, warum für die Legitimation der eigenen Ansichten so gerne Argumente aus der Wissenschaft herangezogen werden, ganz allgemein und im besonderen Fall aus den Altertumswissenschaften und somit auch der Archäologie. Neuheid*innen nutzen Teile des archäologischen Forschungsgegenstandes – die Vergangenheit – und die Ergebnisse dieses Faches für die Bildung ihrer eigenen Traditionslinie.[17] Dagegen ist aus archäologischer Sicht überhaupt nichts einzuwenden. Dennoch ist es umgekehrt legitim, wenn sich Forscher*innen dazu äußern, wenn sie selbst anderer Meinung sind als jene, die das von ihnen erarbeitete Wissen interpretieren und nutzen. Es ist nicht nur legitim, sondern ganz im Gegenteil sogar auch Aufgabe der Forschung, denn in der Beschäftigung mit der Rezeption und Aneignung von archäologischen Inhalten liefert die Archäologie Rückmeldungen an die Allgemeinheit zurück, welche diese sich selbst nur schwer erarbeiten kann. Anders gesagt ist von interessierten Laien nicht zu erwarten, sich intensiv mit Fachliteratur und aktuellen Diskursen innerhalb der Archäologie auseinanderzusetzen, um hinterher ein fundiertes[18] Bild von jenen Teilen der prähistorischen Vergangenheit zu haben, auf welchen das Neuheidentum seine Weltbilder aufbaut.

Aufbau und Schwerpunkte

Nach einer allgemeinen Einführung zum Thema Neuheidentum, die mit kompaktem Basiswissen im Frage-Antwort-Format aufwartet, werden die verschiedenen Gruppen und Strömungen der Reihe nach vorgestellt, und zwar entlang einer ungefähren historischen Entwicklung von Wicca über die Göttinnenspiritualität (mit einem Exkurs zur „Matriarchatsforschung"), *Druidry* (keltisches Neuheidentum), das germanische und osteuropäische Neuheidentum bis zum antiken Neuheidentum; den Abschluss macht der Neo-Schamanismus. Archäologische und historische Themenbereiche, die nur für eines dieser Neuheidentümer von größerer Bedeutung sind, werden direkt im jeweiligen Kapitel besprochen.

Dem Großteil der thematischen Rückbezüge auf die prähistorische und historische Vergangenheit durch das Neuheidentum ist der gesamte zweite Abschnitt des Buches gewidmet. Dort wird dann unter anderem der Frage nachgegangen, inwieweit der aktuelle archäologische Forschungsstand die jeweiligen Interpretationen durch neuheidnisch Praktizierende wahrscheinlich macht oder auch nicht. Im Mittelpunkt stehen die Gottheiten, Feste, besondere Fundorte, Objekte und Symbole, ehe im abschließenden Teil besonders (nochmals) der Faktor Natur und auch Reaktionen aus Wissenschaft und Kirche in den Blick genommen werden.

Neuheidentum – ein Überblick

Im Neuheidentum gibt es zahlreiche Übereinstimmungen zwischen den verschiedenen Gruppen, doch ebenso viele Unterschiede. Im Folgenden soll das Phänomen grundlegend beschrieben werden.

Was sind die dominierenden (Selbst-)Bezeichnungen?

In Ablehnung des Sektenbegriffs ist innerhalb der Religionswissenschaften der Terminus „Neue Religiöse Bewegungen" entstanden.[1] Zahlreiche weltanschauliche Gruppierungen werden unter diesem Sammelbegriff wissenschaftlich analysiert. Das Neuheidentum, oder englisch *Paganism*, ist ein (kleiner) Teil dieser Bewegungen. Davon wird innerhalb der *Pagan Studies* der Bereich des *New Age*, der Göttinnenspiritualität und der Naturreligionen unterschieden, wenngleich es natürlich auch zahlreiche Überschneidungsbereiche gibt.[2]

Der Begriff selbst – Neuheidentum – ist nicht ausschließlich innerhalb der Wissenschaften entstanden bzw. wird nicht rein zu Forschungszwecken benutzt. Vielmehr bezeichnen sich die handelnden Personen selbst häufig als Heid*innen bzw. Neuheid*innen. Im Englischen lautet das bereits notierte Wort an sich *paganism* (mit kleinem „p"), es hat sich jedoch die Schreibung mit großem „P" eingebürgert. Mit der sehr selbstbewussten Selbstbezeichnung als *Pagans* soll durchaus die Bewertung des eigenen Glaubens als gleichberechtigte

Religion neben anderen unterstrichen werden.[3] Die im Englischen mögliche Unterscheidung zwischen *pagan* und *Pagan* zur Differenzierung eines allgemeinen Begriffs und eines modernen Phänomens auch im Sinne einer selbstgewissen Eigenbezeichnung ist im Deutschen bei Nutzung des Begriffs „Heidentum" schwer möglich. Die Verwechslungsgefahr mit einem Begriff für historische Phänomene ist zu groß, wenn keine zwei eindeutig unterscheidbaren Schreibweisen möglich sind. Entsprechend haben sich die vorangestellten Kürzel „Neo-" und „Neu-" und der Begriff „Neuheidentum" eingebürgert; der Begriff *neo-paganism* wird im Englischen teilweise als abwertend abgelehnt.[4]

Der Begriff „Heide" bzw. „Neuheide"[5] ist in unserer gegenwärtigen Kultur tendenziell immer noch negativ besetzt. Heiden sind jene, die außerhalb des etablierten kulturellen und religiösen Systems stehen. Das Wort *pagan* leitet sich von *paganus* (auf der Heide, also außerhalb der Zivilisation lebende Menschen) ab.[6] Wenn Neuheid*innen sich selbst also bewusst so bezeichnen, verweisen sie auf ihre gegen das Christentum, vor allem auf die Zeit vor der Etablierung des Christentums in Europa gerichtete Haltung. Entsprechend wurde das Wort auch als Gegen- oder Kampfbegriff bezeichnet.[7]

Die Etablierung der *Pagan Studies* vor allem im englischsprachigen Raum hat auch zu Diskussionen geführt, „welches" Heidentum nun Forschungsgegenstand sei. Denn unbestrittenermaßen existierte neben dem eindeutig „neuen" Heidentum (mit seiner Entstehungsgeschichte frühestens ab dem 19. Jahrhundert) ein „altes" Heidentum, das diese Bezeichnung aufgrund seiner Vorchristlichkeit erhalten hat. Grundsätzlich gilt, dass der Begriff *(Neo-)Paganism* bzw. Neuheidentum *(contemporary paganism)* auch innerhalb der *Pagan Studies* nicht einheitlich definiert ist[8], was aber nicht von allzu großer Bedeutung ist – es ist keineswegs selten der Fall, dass eine Wissenschaft ihren eigenen Forschungsgegenstand nicht in Übereinstimmung aller Forschenden festlegen kann.

„Neuheidentum", „Neopaganismus", *Paganism* und „modernes Heidentum/*contemporary paganism*" sind die Begriffe, mit denen die moderne Forschung derzeit hauptsächlich operiert. Darunter subsumiert werden Gruppen und Strömungen, die sich in ihren Religionsentwürfen auf die Vergangenheit beziehen, und deren Anhänger*innen sich als Personen wahrnehmen, die eine (prä-)historische Religion wiederaufleben lassen bzw. fortführen.[9] Entsprechend gibt es Definitionen von *Paganism*, die traditionelle östliche Religionen oder Voodoo etc. miteinbeziehen; es wurde auch Kritik daran geübt, den Terminus *Paganism* auf Religionen zu übertragen, deren Anhänger*innen ihn selbst gar nicht verwenden.[10]

Wie groß ist die Zahl der Anhänger*innen?

Eine innerhalb der *Pagan Studies* häufig diskutierte Frage betrifft die Anzahl der Anhänger*innen neuheidnischer Religionen. Die Erhebung ist naturgemäß schwierig, denn einerseits können oder wollen nicht alle Neuheid*innen, aus unterschiedlichsten Gründen, öffentlich zu ihrer Religion stehen. Andererseits unterscheiden sich die Erhebungssysteme der einzelnen Länder stark voneinander. Wird man nach seinem religiösen Bekenntnis gefragt, gibt es in den seltensten Fällen die Möglichkeit, „Druidentum" oder „Wicca" anzukreuzen, und nicht jede*r möchte derartige Begriffe der Liste der zur Wahl angebotenen Religionen schriftlich hinzufügen. Die Schwierigkeit, seriöse Zahlen anzugeben, hängt auch mit dem niedrigen Grad der Organisation neuheidnischer Gruppen zusammen. Man muss nicht zwangsläufig seine Mitgliedschaft in irgendeiner nachweisbaren Form (Beitrittserklärung, Taufe) festhalten. Man „ist" einfach Neuheidin bzw. Neuheide – aufgrund einer höchstpersönlichen Entscheidung. Insofern sind Anhänger*innenzahlen nicht durch Auswertung von Mitgliederlisten fassbar, denn diese werden nicht (zentral) geführt.

Dennoch wurden bereits viele Versuche unternommen, zu der oben gestellten Frage Sinnvolles beizutragen,[11] weniger allerdings bislang im deutschen Sprachraum. Beispielsweise erhob man für Neuseeland im Jahr 2001, dass bei einer Gesamteinwohner*innenzahl von damals 3,7 Millionen 5 862 Personen *pagan* waren. Im selben Jahr wurden für Kanada 21 080 (auf 29 639 030 Einwohner*innen, 0,071 % der Bevölkerung) und für Australien 24 156 (0,13 % der Bevölkerung) *Pagans* bzw. Anhänger*innen einer Naturreligion dokumentiert, zu der beispielsweise die australische Statistik „Pagans, Wiccans, Druids, pantheists“ und „animists“ zählt.[12] Für die USA liegen unterschiedliche Schätzungen und Erhebungen vor, die Ergebnisse zwischen 0,069 % und 0,259 % der Gesamtbevölkerung ergeben.[13] Schätzungen für das United Kingdom gehen von 30 000 bis 120 000 Neuheid*innen aus.[14] Innerhalb der *Pagan Studies* wird ausgehend von diesen Zahlen diskutiert, ob das Neuheidentum als „World Religion“ zu bezeichnen ist[15], und ob ausgehend davon eine wissenschaftliche Beschäftigung überhaupt gerechtfertigt ist. Naturgemäß haben die *Pagan Studies* zumindest letztere Frage eindeutig positiv beantwortet und in Form intensiver Forschung in die Tat umgesetzt.

Was sind die Gemeinsamkeiten der verschiedenen Gruppen?

Allen neuheidnischen Gruppierungen ist eine Verbindung mit der Vergangenheit gemein. Manche Gruppen und Personen versuchen, sich einer bestimmten Tradition zu verschreiben bzw. einem Motivbündel, das sie als einzelne Tradition identifizieren – also beispielsweise „keltisch“. Andere wiederum sehen in allen neuheidnischen Ausprägungen nur unterschiedliche Zugänge zum gleichen System, weswegen sie in eklektizistischer Manier aus zahlreichen Traditionen der ganzen Welt und unterschiedlicher Perioden wählen. Ein konkretes Beispiel eklektizistischen Vorgehens ist etwa die Praxis innerhalb von Wicca, Gottheiten unterschiedlichster Kulturkreise in Rituale einzubeziehen.[16] Die Wahl wird von persönlichen Vorlieben ebenso

Brigids Kreuz

geprägt wie von Traditionen, die sich innerhalb von Wicca etabliert haben. Beispielweise wird die Göttin Brigid mit dem Jahreskreisfest Imbolc verbunden. Göttinnen werden auch für zweckbezogene Rituale herangezogen – beispielsweise Epona, um Autos zu weihen[17].

Woraus beziehen die Strömungen ihre Legitimation – und worin wurzelt die Popularität?

Entgegen der Annahme vieler Neuheid*innen, ihre Religion sei die Fortsetzung beziehungsweise Wiedererweckung einer tatsächlich ursprünglich heidnischen, das heißt also vorchristlichen Religion, sind sämtliche neuheidnischen Religionen unserer Zeit Entwicklungen des 20. Jahrhunderts.[18] Das Neuheidentum ist somit vor allem

Darstellungen von Wikingern, etwa in TV-Serien, bedienen und steigern noch die Popularität der Vergangenheit.

eines: neu. Es ist in modernen Kulturkontexten der (westlichen) Welt entstanden und bezieht seine Rechtfertigung aus Elementen der (prä-)historischen Vergangenheit. Es ist nicht tatsächlich eine Fortsetzung dessen, was Menschen prähistorischer Kulturen in vorchristlichen Perioden in Europa oder anderswo geglaubt und rituell gelebt haben. Zumindest ist es aufgrund der Quellenlage gar nicht möglich, komplexe Zusammenhänge wie ganze Religionen für bestimmte Zeiten und Regionen zu rekonstruieren. Daran alleine muss ein solcher rekonstruktionistischer Versuch bereits scheitern.

Dass das Neuheidentum dennoch blüht und gedeiht, liegt einerseits an der Negierung dieses nicht vorhandenen direkten Bezuges, also am Fehlen von jeweils echten und voneinander unterscheidbaren Traditionslinien. Andererseits hängt das wohl mit dem spirituellen Wert des Neuheidentums zusammen, der es vielen Neuheid*innen ermöglicht, hier im Laufe der Zeit und Praxis ihre religiöse Heimat zu finden, selbst wenn sie das Fehlen der Traditionslinie anerkennen. Die lockere Anbindung über Symbole und Namen, so überhaupt notwendig, scheint zu reichen, um in das Neuheidentum einsteigen und mit ihm leben zu können.

Zahlreiche Neuheid*innen können offenbar gut mit der mangelnden Anbindung an eine ferne Vergangenheit leben.

Wenn Neuheid*innen allerdings Bücher schreiben, scheinen sie sich durchaus gezwungen zu fühlen, ein „Woher kommt es, wie alt ist es"-Kapitel zu verfassen, in welchem mittlerweile etablierte Vorstellungen von Traditionslinien wieder und wieder möglichst weit zurück in die Vergangenheit ausgerollt werden. Im täglichen spirituellen Leben mag dieser Aspekt dann weitaus weniger Bedeutung haben. Zumindest zeigen Analysen auf Basis von Interviews[19], dass nicht alle Neuheid*innen auf den dogmenhaften Glauben an die Traditionslinie bestehen. Auch meine eigenen Umfragen im deutsch- und englischsprachigen Raum deuten in diese Richtung. Zumindest ungefähr die Hälfte der jeweils Befragten misst der Frage nach der langen Traditionslinie keine allzu große Bedeutung bei, selbst wenn an ein hohes historisches Alter der eigenen Religion geglaubt wird.[20]

Welche Rolle spielen Erde und Natur?

Das Neuheidentum könnte man – und dies soll nicht flapsig gemeint sein – als „erdige Spiritualität" bezeichnen. Im Unterschied zu beispielsweise christlichen Strömungen ist das Neuheidentum stark auf das Diesseits fokussiert. Die Erde und die Natur stehen – in vielen Facetten – im Zentrum.[21] In manchen Fällen, wenn der Begriff Heimat(-land) besonders hervorgehoben wird, übersteigert sich dies in Form von Bioregionalismus, Rassismus und Nationalismus – doch gemessen an der großen Zahl an Neuheid*innen, neuheidnischen Gruppen und unterschiedlichen neuheidnischen Traditionen macht

das einen (fast verschwindend) kleinen Teilbereich aus. Verständlicherweise hat dieser Teilbereich einer ohnehin kleinen spirituellen Bewegung – bezogen auf die Zahl der Anhänger*innen – mehr öffentliche und wissenschaftliche Aufmerksamkeit erfahren als der größere und in dieser Hinsicht ideologisch unbedenkliche Teil des Neuheidentums. Bezogen auf die Wissenschaft ist die Beschäftigung mit dem völkisch orientierten germanischen Neuheidentum Teil der Aufarbeitung des Nationalsozialismus im deutschsprachigen Raum. Aber auch in großen Teilen des osteuropäischen Neuheidentums existieren rassistische und deutlich antisemitische Elemente, worüber noch zu berichten sein wird. Die öffentliche Meinung, ohnehin nicht unbedingt bedingungslos positiv gegenüber Neuheid*innen eingestellt, greift naturgemäß solche Belege politischer Bedenklichkeit heraus und nimmt sie stärker als andere Inhalte zum Neuheidentum wahr.

Um es aber mit aller Deutlichkeit zu sagen: Im Neuheidentum sind rassistische, antisemitische, völkische und allgemein fremdenfeindliche bzw. intolerante Gesinnungen die Ausnahme und keineswegs die Regel. Ganz im Gegenteil wird häufig die universalistische Komponente des Neuheidentums betont, was Andersdenkende innerhalb und außerhalb des Neuheidentums im Sinne einer bewusst toleranten Denkart miteinbezieht. Einerseits führt das teilweise zur Vereinnahmung von indigenen religiösen Elementen, was durchaus Kritik verursacht hat. Vor allem aber zeigt es wohl, dass ein Großteil der Neuheid*innen sich vor allem in Abgrenzung zu totalitären und hierarchischen religiösen Strukturen um gelebte Toleranz bemüht. Dementsprechend liegt dem Neuheidentum zumeist missionarischer Eifer fern. Einsteiger*innen ins Neuheidentum werden – so scheint es zumindest – nicht missioniert, sondern wenden sich bewusst einer neuen Spiritualität zu.

Welcher Einfluss wird Gottheiten zugeschrieben?

Die Frage, ob Neuheid*innen an Götter und Göttinnen glauben, ist nicht mit einem einfachen „Ja“ oder „Nein“ zu beantworten. Die meisten neuheidnischen Glaubensrichtungen ermutigen ihre Anhänger*innen nicht nur zu Kreativität bei der Entwicklung von Ritualen und Einbeziehung neuheidnischen Denkens in den Alltag. Vor allem soll jeder und jede ganz für sich persönlich die Frage entscheiden, ob Gottheiten in ihrem oder seinem Leben eine Rolle spielen, und wenn ja, welche. Indem die gesamte Natur als heilig angesehen wird[22], kann sie Heimat von Gottheiten sein, oder auch nur ein Bild der/einer Gottheit an sich. Gottheiten werden als Sinnbilder mit konkreten Namen durchaus in Ritualen verwendet, aber ob deshalb alle Neuheid*innen ein personifiziertes Bild von Göttinnen und Göttern haben, ist unklar. Es gibt auch unter Neuheid*innen Diskussionen darüber, ob Gottheiten unabhängig von dem, was Menschen über sie denken, existieren.[23] Dennoch wird das Neuheidentum als

Göttin Diana; rechts daneben: Montreal Botanical Garden (2013) mit Gott Cernunnos

polytheistic beschrieben[24], was es im Vergleich zu den großen monotheistischen Religionen sicherlich auch ist. Denn es bezieht Gottheiten häufig durchaus in einer sehr konkreten Weise in Rituale und Glaubensvorstellungen mit ein. Im Unterschied dazu sehen Naturreligionen in der Natur selbst das Heilige, in der Gottheiten nicht unbedingt, in welcher Form auch immer, anwesend sein müssen.[25] Hier gibt es wiederum eine Überlappung zwischen Naturreligionen und Neuheidentum: Auch Neuheid*innen leben eine diesseitige Religiosität, indem sie das Göttliche als immanent, also in der Welt anwesend betrachten, und nicht als transzendent.[26]

Wesentlich für einen Großteil der (westlichen) neuheidnischen Religionen ist der weibliche Aspekt des Göttlichen. Hier wird auch häufig vom Wunsch nach Heilung nach Jahrhunderten, in denen

männer- bzw. Gott-zentrierte Religionen im Zentrum standen, gesprochen. Vielen neuheidnischen Gruppen geht es dabei um Ausgleich, also nicht um eine Überbewertung, sondern eine Gleichwertung des Weiblichen und Männlichen. In der speziellen Form des „Dianic Wicca“, in der Göttinnenspiritualität und der damit eng verbundenen „Matriarchatsforschung“ – dazu später mehr – wird dieser Gedanke jedoch in manchen Teilen der Szene übersteigert: durch extrem starke Hervorhebung der Göttin und der Frau allgemein.

Dort, wo ein (spirituelles) Gleichgewicht angestrebt wird, ist oft die Göttin in ihren sogenannten drei Aspekten *maiden*, *mother* und *crone* (Jungfrau, Mutter, Alte) von Bedeutung und wird als Symbol für die Lebensphasen von Frauen gesehen. Man identifiziert „die Göttin“ (in ihren Aspekten) häufig ganz allgemein mit der Natur.[27] Der Gott wird zum Beispiel in Wicca als „Gehörnter Gott“ bezeichnet

und erfüllt ebenfalls eine sich aus einem Zyklus ergebende Funktion, allerdings aus dem Jahreszyklus: Er stirbt im Herbst und wird im Frühjahr durch die Göttin wiedergeboren, um ihr Gefährte zu werden. Auch aufgrund seiner Darstellungsweise (Hörner) kam es des Öfteren (fälschlicherweise) zu einer Assoziierung mit dem christlichen Teufel.[28] Der Gehörnte Gott wurde am Beginn der Entwicklung dessen, was heute das Neuheidentum ist, in England mit dem Gott Pan in Verbindung gebracht, doch mittlerweile hat ihm der „keltische" Gott Cernunnos den Rang abgelaufen.[29]

Wie lässt sich der Wertekosmos charakterisieren?

Das neuheidnische Weltbild ist zwar als eines mit einer romantischen Sicht der Natur, aber auch als sehr (post-)modern beschrieben worden.[30] Neuheid*innen haben tendenziell Sinn für die Werte der Demokratie, arbeiten eklektizistisch, setzen sich für Frauenrechte, Rechte ethnischer Minderheiten und allgemeine Gleichberechtigung ein.[31] Alternative Lebensstile sind vermutlich für Neuheid*innen tendenziell attraktiver als für den Großteil der Bevölkerung.[32] Wesentlich ist in vielen Fällen auch ein magisches Weltbild, zu dem manchmal die Vorstellung zählt, Veränderungen im Kleinen hätten Auswirkungen auf größere Strukturen („wie oben, so unten").[33] Es herrscht der Glaube an die eigene Fähigkeit, Dinge diesbezüglich positiv beeinflussen zu können. Außerdem existiert häufig die Vorstellung vom Tod als natürlichem Aspekt, der zum Leben gehört; Reinkarnationsvorstellungen spielen hier ebenfalls eine große Rolle.[34]

Neuheid*innen verfügen in ihrem Umgang mit dem Göttlichen beispielsweise im Vergleich zum Katholizismus über großes Selbstbewusstsein. Es geht nicht so sehr um „Glauben an" und „Anbeten von" Gottheiten, sondern um „Kommunizieren mit".[35] Dies soll

Gott Pan auf einem Mosaik des 3. Jahrhunderts v. Chr. (Pathos, Zypern)

durchaus in respektvoller Weise geschehen, und dementsprechend sind Opfer (Speisen, Blumen usw.) üblich.

Das Selbstbewusstsein gepaart mit der großen persönlichen Wahlfreiheit, wie der neuheidnische Glaube praktiziert werden soll/darf, führt zu einer weiteren spezifisch neuheidnischen Eigenart: das weitgehende Fehlen einer etablierten Priesterschaft oder ähnlicher zentralisierter Strukturen.[36] Die eigene Erfahrung ist, was zählt – nicht das, was eine Priesterin oder ein Priester sagt oder gar vorschreibt. Es *gibt* Priester*innen im Neuheidentum, in unterschiedlichen Formen und mit unterschiedlichen Aufgaben und Vollmachten. Doch im Unterschied zu christlichen Religionen können in vielen Fällen Neuheid*innen priesterliche Funktionen ausüben, eventuell erst nach einer gewissen Zeit.[37]

Es gibt bis auf wenige Ausnahmen keine Ausgrenzungen, beispielsweise aufgrund des Geschlechts. Und es gibt nicht nur die Möglichkeit, eine Gruppe zu verlassen, sondern auch jene, eine eigene neue zu gründen. Vor allem stellt es keinerlei Problem dar, Neuheidin bzw. Neuheide zu sein und den Glauben völlig alleine zu praktizieren. Ganz im Gegenteil ist dies eine sehr weit verbreitete Form der neuheidnischen Praxis. Nicht zuletzt dieser Aspekt ist für die bereits erwähnten großen Schwierigkeiten verantwortlich, wenn es darum geht, seriöse Angaben hinsichtlich der Zahl von Neuheid*innen in einem bestimmten Land zu machen.

Welche Bedeutung kommen Organisation und Rekonstruktion zu?

Die bereits erwähnte kanadische Forscherin Barbara J. Davy konstatierte im Unterschied zur bisherigen sehr unstrukturierten Form des Neuheidentums eine stärkere *routinization*, durch die sich religiöse Institutionen und standardisierte Praktiken entwickeln, „as it grows from a new religious movement into a world religion“. Doch sie hält auch die diesbezüglich sehr starken Gegenbewegungen innerhalb

Kupala-Fest, Polen

des Neuheidentums fest.[38] Häufig scheint der Wunsch nach stärkerer Institutionalisierung und dadurch Legitimierung durch den jeweiligen Staat von Diskussionen über die neuheidnische Erziehung der nächsten Generation auszugehen.[39] Ein weiterer Aspekt ist die Forderung nach seelsorgerischer Betreuung beispielsweise im Gefängnis.[40]

Trotz des sichtlich fehlenden Bedürfnisses nach strenger organisatorischer Struktur zeichnet sich im Neuheidentum unter jenen, die nicht alleine praktizieren, das Bedürfnis nach der Zugehörigkeit zu einer Gruppe ab. Insofern könnte man als einzige wirklich häufig auftretende organisatorische Einheiten im Neuheidentum die zumeist eher kleinen feststehenden oder offenen Gruppen bezeichnen, im Rahmen derer sich Praktizierende regelmäßig treffen. Wicca-Anhänger*innen bezeichnen diesen Kreis als *Coven*, in

neodruidischen Gruppen ist es der *Grove*, im germanischen Neuheidentum manchmal ein *Troth*.

Zum neuheidnischen Denken samt fehlender Priesterschaft passt das weitgehende Fehlen allgemein anerkannter „heiliger Bücher“. Auch aufgrund der zahlreichen unterschiedlichen neuheidnischen Gruppen ist die Existenz eines einzelnen Buches naturgemäß gar nicht möglich, aber selbst innerhalb der Gruppen gibt es nicht jeweils ein zentrales Buch. Nichtsdestotrotz werden die bekannteren Autor*innen der Szene auch häufiger gelesen, und manche Gruppen stellen ihren Mitgliedern Leselisten zur Verfügung.[41]

Aus den Inhalten, an die Neuheid*innen glauben, leitet sich ebenso ab, was sie im Rahmen ihrer spirituellen Praxis tun. Hier präsentiert sich wenig überraschend ein höchst heterogenes Feld. Ohne genau definierten Glaubenskanon, ohne eine streng hierarchische Organisation oder überhaupt eine Organisation, der sich alle Neuheid*innen verpflichtet fühlen, ist mit einheitlichem „Tun" nicht zu rechnen. Individuelle Sichtweisen und höchstpersönlich entwickelte Praktiken haben einen hohen Stellenwert. Dennoch gibt es einige ganz grundsätzliche Handlungen, die häufig genug von einer ausreichend großen Gruppe einzelner Neuheid*innen angewandt werden, um darin typische Elemente des Neuheidentums insgesamt zu sehen.[42] Dabei ist es unerheblich, ob die jeweiligen Rituale alleine oder in (veränderlichen oder jeweils weitgehend gleichbleibenden) Gruppen praktiziert werden. Als typisch neuheidnisch können (gemeinsame) Jahreskreisfeste, die Abhaltung von Ritualen mit magischem Hintergrund, die Nutzung von Divinationstechniken (Wahrsagerei) sowie verschiedene Methoden der Trance- und Meditationsarbeit gelten.[43]

Dabei bestehen große Unterschiede innerhalb der Szene hinsichtlich der Überzeugung, wie nahe die jeweils anderen Gruppen an ihr prähistorisches Vorbild herankommen können. Der in diesem Zusammenhang oft verwendete, aber nicht klar definierte Begriff lautet Rekonstruktionismus. Tendenziell bezeichnet er jene neuheidnischen Strömungen, die über eine subjektiv bessere Quellenlage verfügen, wie zum Beispiel das griechische oder ägyptische Neuheidentum. Dem kann in dieser Lesart beispielsweise das keltische Neuheidentum oder Wicca mit einer weitaus schlechteren Quellenlage entgegengestellt werden, für welche szene-intern dann der Neuheidentum-Begriff bemüht wird. Letzterer meint damit wiederum Strömungen, die ganz klar zu ihrer modernen historischen Entwicklung stehen (müssen). Gleichzeitig gibt es auch die genau umgekehrten Sichtweisen. Beispielsweise wehrt sich Tamara Siuda, Gründerin von *Kemetic Orthodoxy*, gegen den Begriff Rekonstruktionismus, weil der aus ihrer Sicht impliziert, man würde etwas Altes kopieren, gewissermaßen eine Replik herstellen.

Neuheidnische und verwandte Erscheinungsformen

Die Reihenfolge, in der die unterschiedlichen neuheidnischen Zweige in diesem Buch beschrieben werden, hat vor allem mit der zeitlichen Abfolge und geographischen Verortung ihrer Entwicklung zu tun. Wicca und *Druidry* sind hinsichtlich ihrer Entwicklungsgeschichte in Großbritannien entstandene Phänomene, die länger als andere Strömungen Zeit hatten, sich in der Welt zu verbreiten. Die göttinbewegte *Goddess Spirituality* (Göttinnenspiritualität) in all ihren Facetten ist wiederum eine vor allem US-amerikanische Erscheinung[1], die sich nach Großbritannien und Europa (und in andere Teile der Welt) verbreitete und dort jeweils neue Teilentwicklungen erfuhr.

Wicca und göttinbewegte Gruppen teilen den starken Fokus auf weibliche Spiritualität bzw. die (eine) Göttin bzw. Göttinnen allgemein, was wiederum den Zugriff auf ähnliche Quellen begründet. Deswegen werden sie in diesem Buch unmittelbar hintereinander vorgestellt. Dem widerspricht nicht, dass auch zahlreiche andere neuheidnische Strömungen, denen spätere Kapitel gewidmet sind, einen intensiven Zugang zu Göttinnen haben.

Wicca, Göttinnenspiritualität und *Druidry* zeichnen sich zudem durch einen stark eklektizistischen Zugang aus, wenn es um die konkreten Elemente geht, aus denen ihre jeweilige religiöse Strömung zusammengesetzt wurde. Gottheiten, Rituale und Weltbilder wurden in verschiedenen Kulturen gesucht und zu etwas Neuem gestaltet. Themen wie ethnische, sprachliche oder kulturelle Zugehörigkeit der Praktizierenden, die sich für diese neuen Religionen entscheiden, spielen zumeist keine sehr große Rolle. Von diesem Zugang unterscheidet sich ein Teilbereich des germanisch orientierten Neuheidentums. Nationalistisches und offen rassistisches Gedankengut ist für manche Gruppen ein gut sichtbares konstituierendes Element – und das bereits seit mehreren Jahrzehnten. Bezogen auf das gesamte weltweite Neuheidentum zählt das germanische Neuheidentum wie Wicca, Göttinnenspiritualität und *Druidry* zu den eher älteren und vor allem bekannteren und besser erforschten Phänomenen, die spätestens in den 1990er Jahren voll etabliert waren und seither vielfach analysierter Gegenstand der *Pagan Studies* sind.

Auch wenn die jeweiligen Anfänge der verschiedenen Entwicklungen in Osteuropa nicht unbedingt weniger weit zurückliegen als jene im Westen – Aktionen und Schriften diverser Protagonisten reichen in die erste Hälfte des 20. Jahrhunderts zurück –, sind sie doch weitaus später deutlicher etabliert und in den Fokus der wissenschaftlichen und öffentlichen Aufmerksamkeit geraten, sowohl innerhalb als auch außerhalb ihrer jeweiligen Länder und Regionen. Insgesamt ist das neuheidnische Phänomen in Osteuropa zwei verschiedenen Bereichen zuordenbar: einerseits dem eher eklektizistischen, toleranten Bereich, andererseits dem eher nationalistischen Bereich, dem Werte wie ethnische Identität teilweise sehr wichtig sind. Nicht umsonst wird weniger der Begriff Neuheidentum *(Paganism)*, als vielmehr die Bezeichnung *Native Faith* verwendet.

Es darf nicht übersehen werden, dass es fließende Übergänge zwischen den einzelnen Bereichen gibt – und man sollte sich nicht der Verlockung hingeben, bestimmte Strömungen feinsäuberlich in die eine oder andere Ecke einordnen zu wollen.[2] Prinzipiell teilen die älteren „westlichen" und diese jüngeren (osteuropäischen) neuheidnischen Strömungen die wesentlichen Elemente: den Zugang zur Natur, die Vorstellung, eine alte traditionelle Religion fortzusetzen, was aber in einer modernen Welt als Neue Religiöse Bewegung gelebt wird, sowie die Ablehnung der großen monotheistischen Religionen.[3]

Das antike Neuheidentum römischer, griechischer und (alt-)ägyptischer Prägung unterscheidet sich durch seine jüngere Entwicklung von den bekannteren westlichen Gruppen wie Wicca und *Druidry*, kann aber auf einer weitaus besseren Quellenlage (Schriftquellen!) aufbauen. Es ist bedauerlicherweise bisher noch in weitaus geringerem Maße Gegenstand wissenschaftlicher Beschäftigung gewesen – sowohl seitens der *Pagan Studies* allgemein als auch der jeweiligen archäologischen Fächer.

Den Abschluss der – sicherlich unvollständigen – Vorstellung der neuheidnischen Welt bildet der moderne Schamanismus, der auf vielfältige Weise in manchen Bereichen auf die anderen Neuheidentümer einwirkt(e), sich selbst häufig aber nicht als Bestandteil der neuheidnischen Szene bewertet. Hinsichtlich Legitimationsversuchen mit Blick auf sein angeblich hohes Alter ist der moderne Schamanismus jedoch ein ganz wesentliches hier zu besprechendes Phänomen.

Wicca und Neue Hexen

Wicca ist wohl derzeit die bekannteste, am weitesten verbreitete und älteste neuheidnische Bewegung, gleichsam ein gut erforschter Teilgegenstand der *Pagan Studies* – zahllose Publikationen von und für Praktizierende samt Informationen zur historischen Entwicklung, Glaubensinhalten und Praxis sind in vielen Sprachen leicht erhältlich, und das Phänomen ist auch im Internet sehr präsent.[4]

Unter dem Begriff „Wicca" versteht man sowohl die neuheidnische Religion als auch eine*n Praktizierende*n. Wicca ist unter den neuheidnischen Religionen die am stärksten mit dem Begriff „Hexen" assoziierte Bewegung. Sie versteht sich als stark natur- und erdverbundene Religion, in der die Göttin eine zentrale Rolle spielt, die allerdings von einem Gott begleitet ist. Die anklingende etwas größere Bedeutung der Göttin[5] spricht naturgemäß Frauen stark an – dennoch scheint es keinen Überhang an Frauen unter den Wicca zu geben.

Eine Gruppe von Praktizierenden wird zumeist als *Coven* bezeichnet und von einer Hohepriesterin sowie einem Hohepriester geleitet; ihre Aufgabe ist es, im Verlauf von Ritualen Göttin und Gott zu repräsentieren.[6] Hierarchien werden grundsätzlich abgelehnt, und entsprechend kann die Rolle von Hohepriesterin und Hohepriester durch Wahl vergeben oder im Rotationsprinzip gewechselt werden; alle Praktizierenden sind Priesterinnen und Priester.[7]

Göttin und Gott sind als zentrale spirituelle Elemente in Wicca nicht namenlos. Im Rahmen eines bewussten Eklektizismus und der Nutzung spiritueller Freiheit werden Bezeichnungen (und Funktionen) von Gottheiten unterschiedlichster Kulturen genutzt. Angehende Neuheid*innen werden beispielsweise aufgefordert, sich einige Wochen Zeit zu nehmen, um sich mit den unterschiedlichen Pantheons (ägyptisch, Kulturen des Nahen Ostens, griechisch/römisch, keltisch, nordisch-germanisch, indisch) zu beschäftigen, ehe eine Wahl getroffen werden solle, mit wem man sich am wohlsten fühlt und arbeiten möchte.[8]

Zu den wesentlichen Teilen der Wicca-Mythologie, die aus verschiedenen Religionen übernommen wurden, gehört auch der (Gehörnte) Gott, der Gefährte der Göttin. Häufig genanntes Beispiel ist die Göttin Isis, welche die Teile ihres Gatten Osiris sucht; andere göttliche Paare, deren weiblicher Teil größere Bedeutung als der männliche hat, wären Cybele/Attis, Venus/Adonis und Ishtar/Tammuz.[9]

Viele wesentliche Elemente in Wicca finden sich auch in anderen Neuheidentümern, beispielsweise Jahreszeitfeste, Ritualstrukturen oder der grundsätzliche Zugang zur bzw. die Aneignung von Vergangenheit, aus der große Teile der Rechtfertigung für das eigene spirituelle Tun und Glauben abgeleitet werden.

Wie bereits erwähnt, weist Wicca über viele Strecken große inhaltliche Ähnlichkeiten mit der sogenannten Göttinnenspiritualität *(Goddess Spirituality)* und der Feministischen Spiritualität auf, da in beiden Strömungen die Große Göttin eine signifikante Rolle spielt: Beide Gruppierungen gehen weitgehend davon aus, eine göttinzentrierte prähistorische Religion wiederbelebt zu haben und zu praktizieren.[10] Die vermeintliche Bedeutung von alt- und jungsteinzeitlichen Frauenstatuetten („Venusstatuetten"), auf die sich Protagonistinnen der *Goddess Spirituality* oder der „Matriarchatsforschung" regelhaft beziehen, ist auch Bestandteil von Wicca-Gedankengut.

Was den Bezug zur Vergangenheit angeht, erkennt sich Wicca als Endpunkt einer teilweise bis ins Paläolithikum zurückreichenden Traditionslinie.[11] Dies hängt vor allem mit der Vorstellung vom prähistorischen Schamanismus zusammen: Wicca nehmen sich häufig als Erb*innen schamanisch arbeitender Menschen der Vergangenheit wahr. Für das Paläolithikum wird sogar innerhalb der Prähistorischen Archäologie der Schamanismus als prägendes und beispielsweise für die Höhlenmalereien verantwortliches Element diskutiert. Insofern sehen viele Wicca hier eine echte Traditionslinie.[12]

Der zweite wesentliche historische Anbindungspunkt – chronologisch sehr weit entfernt von der Altsteinzeit – sind die neuzeitlichen

Hexenverfolgungen. Wicca beziehen sich ausgesprochen stark auf die damaligen Opfer und sehen sich als Fortführende einer angeblichen und von der Kirche verfolgten Hexenreligion. Neuere Ergebnisse der Geschichtswissenschaft, nach denen weder neun Millionen Opfer getötet wurden noch eine bewusst von der Kirche gelenkte Massenverfolgung an (vor allem weiblichen) „Naturkundigen" stattfand, fließen nur zögerlich in die Literatur und das Bewusstsein der Wicca-Szene ein. Vor allem in Internetforen zeigt sich, dass vielen Praktizierenden diese Fakten aber durchaus bewusst sind und auch akzeptiert werden. Die verkauften Bücher nutzen ihre Einleitungen jedoch immer noch zu verfälschenden Darstellungen der Verfolgungsereignisse der Frühen Neuzeit und propagieren die Vorstellung von Wicca als moralischem und religiösem Erbe.

Ein etwas verstörender Faktor ergibt sich hier aus der Meinung, die Opfer der Hexenverfolgungen wären tatsächlich Anhänger*innen einer heidnischen Religion gewesen. Dies stellt einen rückwirkend gesehen fast legitimierenden Faktor aus Sicht der früheren Verfolger dar: Es war nach damaligem Rechtsverständnis einfach nicht erlaubt, nicht gläubig einer der Amtskirchen zu folgen. So gesehen wäre es nachgerade gerechtfertigt gewesen, solche Personen zu verfolgen. Ganz im Gegenteil ist aber belegt, dass die der Hexerei Angeklagten nichts anderes als unschuldige Opfer von Verleumdungen und abergläubischer Hexenangst waren – wie sie übrigens auch in anderen Teilen der Welt nicht unbekannt ist.

Heute existiert eine unüberschaubare Fülle von Literatur aus der Szene (für die Szene) sowie von Gruppen und Einzelpraktizierenden (häufig als „freifliegende Hexen" oder *Hedge Witches* bezeichnet). Schon der Historiker Ronald Hutton hat unterstrichen, dass es seit den 1990er Jahren auch innerhalb der Wicca-Szene durchaus verstärkt das Bewusstsein gibt, auf keine (prä-)historische Tradition zurückgreifen zu können, hier also keineswegs das Erbe einer uralten religiösen Praxis angetreten zu haben.[13] Das mag für den britischen Raum beziehungsweise Huttons persönliche Erfahrungen gelten. Die

einschlägige Hexen-Literatur, die sich im deutschsprachigen Umfeld auch als Übersetzung ursprünglich englischsprachiger Texte findet, zeichnet jedoch ein anderes Bild: Der Glaube an die ungebrochene Traditionslinie der eigenen Religion scheint noch stark etabliert zu sein.[14] Allerdings dürften innerhalb von Wicca in jüngster Zeit verstärkt Rückgriffe auf die prähistorische (vor allem „keltische") Vergangenheit zu beobachten sein – zugunsten eines Nachlassens der Rückgriffe auf die Zeit der historischen Hexenverfolgungen.[15] Man greift somit auf jene Epochen zurück, von denen man auch im akademischen Umfeld noch weniger weiß, um die mangelnde Quellendichte für umso stärkeres Interpretieren zu nutzen und um die Traditionslinie noch weiter in die Vergangenheit zu ziehen.

Aus Sicht von Wicca haben Göttinnen für die spirituelle Praxis große Bedeutung. Sie sind jedoch nicht die Einzigen, die einen gewissen Fokus auf „die Göttin" legen, ganz im Gegenteil, öffnet sich hier doch ein großes heterogenes Themenfeld. Begonnen werden soll mit einer Darstellung der sogenannten „Matriarchatsforschung", weil die darin diskutierten Informationen und Interpretationen zur Urgeschichte enormen Einfluss auf die göttinzentrierte Spiritualität innerhalb und auch außerhalb des Neuheidentums hatten und immer noch haben. Kurz gesagt geht es um nichts weniger als das Postulat einer jahrtausendealten matriarchalen Gesellschaft und Kultur, in welcher die Verehrung einer „Großen Göttin" spirituell gesehen im Zentrum stand, und die wiederbelebt werden soll.

„Matriarchatsforschung"

Unter „Matriarchatsforschung"[16] wird die außerhalb der archäologischen Forschung stattfindende Beschäftigung mit einem „prähistorischen Matriarchat" verstanden. Das Thema selbst ist für zahlreiche Gruppen innerhalb des Neuheidentums und der Göttinnenspiritualität von Bedeutung, doch der Begriff ist vor allem im deutschsprachigen Raum bekannt und eng mit Heide Göttner-Abendroth verbunden: Ihre Thesen und jene ihrer Epigonen skizzieren einen ganz bestimmten Verlauf der Menschheitsgeschichte, in dem die Frage nach der jeweiligen Bedeutung von Frauen bzw. Männern im sozialen Gefüge eine große Rolle spielt.[17] Die Problematik des Begriffs „Matriarchat" als Umkehrung von „Patriarchat" ist vielen Autor*innen zwar bewusst[18], sie verbinden ihn jedoch weiterhin trotz explizit formulierter Besetzung mit positiven Themen.

Zusammengefasst liest sich die Vorstellung der „Matriarchatsforschung" von der Urgeschichte ungefähr so[19]: In irgendeiner prähistorischen Periode war das soziale Leben frauenzentriert. Frauen waren für ihre lebensspendenden Fähigkeiten hoch geschätzt, sie waren Inkarnationen oder zumindest Priesterinnen der Großen Göttin. Die Große Göttin war das spirituelle Zentrum dieser frauenzentrierten Kultur, als allumfassende lebensspendende und allmächtige Gottheit, von der im Grunde alle zukünftigen Göttinnen fast aller Kulturen abstammen. Die Erblinien liefen von der Mutter auf die Tochter, es herrschte also Matrilinearität. Frauen, und zwar fast ausschließlich Frauen, schufen die Kunst und entwickelten die wesentlichen Technologien ihrer Zeit, vor allem Ackerbau und Viehzucht, und fällten bedeutende Entscheidungen innerhalb ihrer und für ihre Gesellschaften. Es gab demnach auch keinerlei Unterdrückung, teilweise nicht einmal so etwas wie soziale Hierarchien, weil sich alles durch die Führung der Göttin wie von selbst regelte. Männer waren durchaus geliebte Söhne und Geliebte oder Partner, aber sie wurden liebevoll von einer Gesellschaft der Frauen geleitet und begnügten sich damit, weil ihnen die Vorherrschaft der Frauen als völlig natürlich und dem göttlichen Plan entsprechend erschien – soweit die Darstellung des matriarchalen Paradieses.

Irgendwann passierte laut „Matriarchatsforschung" allerdings ein größerer spontaner oder schleichender Wandel, der als Ergebnis die männerzentrierte, männerdominierte Gesellschaft, in der wir heute noch leben, mit sich brachte.[20] Deutliches Kennzeichen ist, dass im Patriarchat jene, die nicht im Zentrum stehen, also die Frauen, unterdrückt und machtlos sind. Dies wird als großer Unterschied zum Matriarchat aufgefasst, wo die Männer nicht unterdrückt, sondern eben nur an zweiter Stelle – aber glücklich – gewesen wären. Wodurch dieser vermeintliche enorme kulturelle Wandel ausgelöst wurde, sei es durch interne Faktoren, externe Aggression oder eine Mischung der Umstände, ist Gegenstand heftiger Diskussionen innerhalb der „Matriarchatsforschung". Ein angeblicher interner Faktor sei die plötzliche Unzufriedenheit der Männer gewesen, welche aufgrund ihrer schlechteren Einbindung in den Zyklus des Werdens und Vergehens ein Gefühl von Minderwertigkeit entwickelten und innere Veränderungen ihrer Kultur durchsetzten (und beispielsweise auch den Krieg erfanden). Ein zweiter immer wieder diskutierter Aspekt ist die angeblich größere Bedeutung der körperlichen Fähigkeiten der Männer am Beginn der Entwicklung der Landwirtschaft: Männer hätten demnach einen höheren Stellenwert erhalten und durch die Produktion von Überschuss das Bedürfnis entwickelt, jenen an die eigene Nachkommenschaft weiterzugeben, weswegen zur Kontrolle der weiblichen Sexualität und Reproduktionsfähigkeit die ersten Ehesysteme entwickelt wurden.

Was die externen Aggressionen angeht, so existieren Vorstellungen, nach denen Reitervölker aus dem Osten, vorzugsweise aus den russischen Steppengebieten, über die friedliebenden matriarchalen Kulturen des Mittelmeerraumes, des Alten Europas usw. herfielen und sie zu patriarchalen Kulturen umformten. Dies sei leicht geschehen, weil die matriarchalen Kulturen das Kriegshandwerk einfach nicht kannten und sich deshalb nicht wehren konnten. Im Zuge dieser Handlungen wurde auch die Große Göttin gewissermaßen von ihrem Thron gestoßen und ein männlich dominierter Pantheon ersetzte sie, in letzter Konsequenz ein einzelner männlicher Gott. Nach diesem vorgestellten Verlauf wird die patriarchale Entwicklung als historisch relativ jung betrachtet, gemessen an der langen Dauer der Menschheitsgeschichte.

Laut „Matriarchatsforschung" bestünde also die berechtigte Hoffnung, die Zukunft würde wieder eine Zeit des Friedens und des gleichmäßig verteilten Wohlstandes bringen, in der Frauen – wenn schon nicht ihre vergangene Oberhoheit – zumindest eine gleichgestellte Gesellschaft schaffen werden, also wieder den Platz bekommen, der ihnen eigentlich zustehen würde. Um dieses Ziel zu erreichen, werden zahlreiche Bücher geschrieben, um die These des prähistorischen Matriarchats zu verbreiten. Die Verbreitung der Kenntnis ist nicht alleiniges Ziel, sondern auch die aktive Umgestaltung unserer modernen Welt. Dabei geht es nicht nur um soziale oder ökologische Fragen, sondern ebenso um spirituelle: Die Göttin soll bis zu einem gewissen Grad wieder auf ihrer angestammten Position eingesetzt werden, um vor allem den Frauen Kraft bei ihrer Umgestaltungsarbeit zu geben. Vor allem dieser Aspekt mag in der jüngeren Vergangenheit durchaus auch positiv gewirkt haben. Frauen des 20. Jahrhunderts, denen die Mär von der glorreichen matriarchalen Vergangenheit gesungen wurde, mögen sich eher bereit erklärt haben, den notwendigen Kampf gegen Ungleichbehandlung in der modernen Gesellschaft zu führen.

Was sagt nun die Archäologie zum wirkmächtigen Bild des prähistorischen Matriarchats?[21]

Kurz, dass es Belege für ein prähistorisches Matriarchat nicht gibt – ebensowenig für ein prähistorisches Patriarchat oder sonstige detailgenau darstellbare Sozialstrukturen.[22] Autor*innen der „Matriarchatsforschung“ greifen also relativ willkürlich Befunde, Funde und Kulturen heraus, um das Bild einer angeblich zeitlich und geographisch zusammenhängenden matriarchalen Lebenswelt zu zeichnen. Beliebte Fundorte sind Çatal Hüyük, Kreta/Knossos[23] und Malta; häufig präsentierte Objekte sind paläolithische und neolithische Frauenstatuetten.[24] Als einzige ausgebildete Archäologin, die dafür auch heftig kritisiert wurde[25], hat Marija Gimbutas[26] inhaltlich viel zur „Matriarchatsforschung“ beigetragen[27]. Ihr ging es jedoch hauptsächlich um die Analyse neolithischer und bronzezeitlicher Überbleibsel, die sie im Sinne intensiver Göttinnenverehrung deutete, weniger um Belege für ein Matriarchat, das noch dazu wiederbelebt werden solle.

Die „Matriarchatsforschung“ hat sich gegen den Vorwurf, methodisch unsauber zu arbeiten, immer wieder heftig gewehrt.[28] Die auch für andere Teile der neuheidnisch-esoterischen Szene manchmal erkennbare Abneigung gegen den klassischen Wissenschaftsbetrieb[29] kommt dabei sehr deutlich zum Ausdruck.

Göttinnenspiritualität

Laut den gängigen Definitionen innerhalb der *Pagan Studies* zählt die Göttinnenspiritualität nicht zu den neuheidnischen Religionen.[30] Sie ist im Hinblick auf die in diesem Buch beschriebenen Strömungen aber insofern wesentlich, als sie sich ebenso wie neuheidnische Religionen in elementaren Teilen als Erbin einer (prä-)historischen Vergangenheit und Fortsetzerin einer Religion sieht. Die Unterschiede, die es scheinbar rechtfertigen, sie nicht in den engeren Kreis der neuheidnischen Religionen zu reihen, hängen vor allem mit der ausschließlichen Fokussierung auf die (Große) Göttin zusammen: Wicca sieht (mit wenigen Ausnahmen) in Göttin und

König-Artus-Skulptur („Gallos“) in Tintagel, Cornwall

Gott ein wichtiges duales Prinzip, Göttinnenspiritualität hingegen weist teilweise monotheistische Züge auf.[31] Dies bedeutet nicht, dass tatsächlich nur eine einzige Göttin verehrt wird – vielmehr werden zahlreiche weibliche Gottheiten in Rituale einbezogen; möglicherweise oft nach dem Prinzip, dass alle einzelnen Göttinnen nur Aspekte der „einen Großen Göttin“ sind.

Ein gutes Beispiel für die göttinzentrierte Spiritualität stellt *The Sisterhood of Avalon* (SOA) dar.[32] Nach eigenen Angaben im Jahr 1995 gegründet[33], ist ihr Hauptziel die Wiederbelebung einer Verbindung zwischen Frauen und einer als stark erlebten westlichen keltischen Tradition. SOA definiert sich als „Celtic Women's Mysteries organization“. Stark gefördert und von den Mitgliedern gefordert ist die intensive Beschäftigung mit Mythen und Sagen, vor allem aus dem walisischen Bereich, sowie sämtlichen Inhalten, die mit „ancient and Celtic British culture“ in Zusammenhang stehen.

Entsprechend wird bei der Rekonstruktion der eigenen Glaubensinhalte, Strukturen und Rituale auf vielfältige Quellen zurückgegriffen – auf Musik, Tanz und Gesang, aber auch Sprachen und Geschichte, Kunst, Folklore und traditionelles Handwerk.[34]

Der Fokus auf walisische Sagen und Sprache hängt mit der Überzeugung zusammen, in Wales hätte die angeblich ursprüngliche keltische Kultur länger überdauert als in anderen Teilen Großbritanniens[35] – ein Gedanke, der sich auch im keltischen Neuheidentum häufig findet. Entsprechend wird bei der Suche nach Informationen über die Göttin(en) und wie sie verehrt wurde(n) beispielsweise auf das Mabinogion, eine Sammlung walisischer Sagentexte, zurückgegriffen; der walisische Pantheon mit fünf Göttinnen (Blodeuwedd, Rhiannon, Ceridwen, Arianrhod, Branwen) steht im Zentrum der Verehrung.

Die von der eigenen Überzeugung geleitete Quellenkritik erlaubt den Mitgliedern der *Sisterhood*, die als patriarchal und christlich identifizierten Elemente aus den walisischen Sagen zu filtern, und somit die einzelnen dargestellten (weiblichen) Figuren neu zu interpretieren. Dies wird auch mit der angeblich besseren sozialen Stellung der „keltischen" Frauen gegenüber den Frauen im Christentum argumentiert. Aus den klassischen Quellen ließe sich der Beleg ableiten, Frauen wären ebenso wie Männer als Druiden tätig gewesen.[36] Der Lebensentwurf einer Schwesternschaft – ob nun gleichbedeutend mit Druidinnen oder nicht – wird von einer angeblichen keltischen Tradition abgeleitet: Gruppen heiliger Frauen (häufig neun an der Zahl), die in Abgeschiedenheit auf Inseln oder in Wäldern lebten, waren laut Vorstellung der *Sisterhood* Bestandteil zahlreicher keltischer Kulturen. Ihre angeblichen Rollen als Heilkundige, Prophetinnen und Priesterinnen dienen offensichtlich als Rollenmodelle für die heutigen Mitglieder der *Sisterhood*, obwohl der Lebensentwurf der „traditionellen" Schwesternschaften nicht vollkommen identisch wiederhergestellt werden soll.[37]

Der Begriff „Avalon" ist naturgemäß ein wichtiger Bestandteil der Lehre dieser Bewegung. Er wird nicht zwangsläufig als ein konkreter

Ort in der realen Welt betrachtet, auch wenn natürlich Glastonbury samt seinem legendären Zusammenhang mit König Artus damit in Verbindung gebracht wird. Vielmehr wird er als sehr vielfältig in seinen Erscheinungsformen beschrieben, je nach Sichtweise der Praktizierenden.[38] Interessant an der Darstellung der verschiedenen Aspekte, die alle in Avalon repräsentiert sein können, ist die Dreiteilung in „the Realm of Land, Sea and Sky". Hier zeigen sich Verbindungen zum schamanischen Weltbild, zu dem auch in modernen Ausprägungen – in Anlehnung an den Begriff der „nichtalltäglichen Wirklichkeit" – häufig die Vorstellung verschiedener Welten gehört.

Auf den Sagenkreis um König Artus samt der Vorstellung mythischer Priesterinnen auf der Insel im See, den Marion Zimmer Bradley in ihrem Roman „Die Nebel von Avalon" geradezu wegweisend auch für die neuheidnische Szene dargestellt hat[39], bezieht sich die *Sisterhood of Avalon* auf vielfältige Weise. Es wird jedoch auch darauf hingewiesen, dass der Ort Avalon als mythische Apfelinsel ein Produkt romantischer Fantasien mehrerer Jahrhunderte ist, und moderne Neuheid*innen eher eine Assoziation mit „otherworldly roots" herstellen. Die Frage der historischen Authentizität bzw. der Belegbarkeit einer angeblichen Tradition verliert auf diese Weise ihre Bedeutung als Rechtfertigungsmöglichkeit für den Wahrheitsgehalt der Glaubensinhalte der *Sisterhood*. Sie wird dadurch vordergründig weniger angreifbar, da sie etwa nicht behauptet, absolut sicher zu sein, dass in der Eisenzeit und in den Jahrhunderten danach im heutigen Glastonbury Priesterinnen einer Göttin gewirkt hätten, deren Tradition sie nun aufgreifen. Natürlich zeigt sich trotzdem deutlich die Überzeugung, es wäre genau so gewesen.[40]

Ebenso wie in zahlreichen anderen neuheidnischen Traditionen werden auch in der *Sisterhood* die vier üblichen „keltischen" Jahreskreisfeste begangen (bezeichnet als „Ancient Celtic Fire Festivals"[41]), allerdings unter den weniger bekannten Bezeichnungen Calan Gaeaf (Samhain), Gwyl Mair (Imbolc), Calan Mai (Beltane) und Gwyl Awst (Lughnasadh). Die aus den jahreszeitlichen Gegebenheiten abgeleiteten Inhalte der Feste decken sich weitgehend mit jenen

Ruinen der Abtei von Glastonbury, Somerset

von Wicca, Neodruidentum etc. Darüber hinaus hat in der SOA der Mondkalender große Bedeutung – zu Vollmond und Neumond finden regelmäßig Rituale statt, in Gruppen und einzeln.

Eine Ausbildung zur Priesterin dieser Organisation ist großteils über Fernstudium möglich.[42] Die SOA konzentriert ihre Aktivitäten vor allem auf Nordamerika, mit regelmäßigen Veranstaltungen (auch sogenannten Pilgerreisen) in Großbritannien. Zahlreiche Ausgebildete bzw. Novizinnen schließen sich zu *Hearths* zusammen, die von mindestens einer ausgebildeten Priesterin geleitet werden.

The Glastonbury Goddess Temple ist im Gegensatz zur SOA direkt in Glastonbury angesiedelt, die grundsätzliche inhaltliche Ausrichtung ist jedoch gut vergleichbar, Schlagwort Avalon: „Avalon is a magical land where the Goddess has lived from time immemorial and still lives today. It is a place of mystery and imagination, a place where we can let go of the old and assist in birthing the new." Zentral ist der Glaube an die Göttin, die auch als „Lady of Avalon" bezeichnet wird; für die *Goddess People of Avalon* drückt sie sich etwa durch die mythologische Landschaft von Glastonbury aus.[43]

Mittels eines Lehrgangs können sich Interessierte zur „Priesterin“ oder zum „Priester“ von Avalon ausbilden lassen.[44]

Beide Organisationen – die *Sisterhood of Avalon* und der *Glastonbury Goddess Temple* – kreisen also deutlich sichtbar um die Begriffe Avalon und die Göttin. Glastonbury ist eine Kleinstadt im Südwesten von England, die von zahlreichen Protagonist*innen der neuheidnischen Szene mit der Insel Avalon gleichgesetzt wird.[45] Allerdings scheint Glastonbury in der Urgeschichte und im Frühmittelalter relativ unbedeutend gewesen zu sein:[46] Weder lassen sich Hinweise auf eine prähistorische Siedlung bzw. kultische Nutzung nachweisen, noch war die frühmittelalterliche (klösterliche) Bedeutung besonders groß. Ab dem 12./13. Jahrhundert lässt sich die Anbindung des Artus-Mythos an Glastonbury aufzeigen – doch der angebliche Fund seines Grabes muss wohl tatsächlich als Akt der Propaganda gedeutet werden. Ebenfalls in dieser Zeit entstand die Verknüpfung mit der Grals-Legende. Marion Zimmer Bradleys ab 1982 publizierte Avalon-Romane haben zur Verdichtung des vielschichtigen Mythos rund um den Ort Glastonbury beigetragen.[47]

Eine für die Praktizierenden der *Goddess Spirituality* wesentliche Facette sind Pilgerreisen. Seit Jahrzehnten werden zahlreiche Exkursionen zu wichtigen archäologischen Fundorten auch in Mittelmeerländern wie Malta, Griechenland und der Türkei angeboten.[48] Ein besonders auffälliges Beispiel in diesem Zusammenhang ist die berühmte neolithische Siedlung Çatal Hüyük im türkischen Anatolien, auf die später noch näher eingegangen wird.

Einige weitere Gruppen bzw. Phänomene aus dem Bereich der Göttinnenspiritualität sollen nur kurz ergänzend angeführt werden: Beispielsweise ist die Göttinnenspiritualität in jüngerer Zeit in Italien interessante neue Verbindungen mit lokalen Gottheiten eingegangen. In Mailand ist aktuell etwa die Verehrung der ursprünglich gallischen Gottheit Bellisama gut nachweisbar.[49] Ähnliches ist auch in Spanien und Portugal zu beobachten.[50]

Zu erwähnen ist in diesem Zusammenhang außerdem die *Fellowship of Isis*, 1976 in Irland gegründet, welche zahlreiche Überschneidungen mit unterschiedlichsten Neuheidentümern und auch der Göttinnenspiritualität aufweist. Die Nähe zum Kemetismus (altägyptisches Neuheidentum) ist nicht größer oder kleiner als die anderer neuheidnischer Gruppen, die mit altägyptischen Gottheiten arbeiten.[51]

Zur Entwicklung der göttinzentrierten Spiritualität in allen Facetten gibt es mittlerweile umfangreiche Literatur von innerhalb und außerhalb der Szene. Unbestritten ist die stärker gesellschaftspolitische Konnotation im Vergleich zu anderen neuheidnischen Strömungen wie beispielsweise dem Neodruidentum. Die patriarchale Gesellschaft der westlichen Welt mit ihrem männlichen christlichen Gott war der Nährboden für die Beschäftigung zahlreicher Denker*innen und Praktizierenden spätestens seit den 1960er Jahren, wobei die Wurzeln bis ins 19. Jahrhundert und noch weiter reichen.[52] Die Gesellschaft sollte umgestaltet werden, nicht nur, um Frauen aus ihrer politischen, gesellschaftlichen und auch spirituellen Marginalisierung zu holen, sondern um ganz allgemein ein Gefüge zu schaffen, in dem Mensch und Natur Heilung erfahren und eine lebenswerte Zukunft aufbauen können.[53] Dies wurde und wird ganz konkret gedacht, nicht nur auf einer abstrakten Ebene. Jenes Element, das diese Bewegung für vorliegendes Buch interessant macht, ist jedoch nicht der feministische und politische Aspekt, der Wunsch, notwendige gesellschaftliche Veränderungen durchzusetzen, sondern die damit unauflöslich verwobene Vorstellung einer dabei hilfreichen Großen Göttin und der als Basis dafür dienende Vergangenheitsbezug:[54] Aus Sicht der Praktizierenden wird nichts Neues erfunden, sondern etwas wiederbelebt, das angeblich schon einmal prägend war für die Menschheit – eine matriarchale Gesellschaft mit einer Großen Göttin im spirituellen Zentrum.

Aus Sicht der Archäologie steht der Vergangenheitsbezug der göttinzentrierten Spiritualität auf wackeligen Beinen. Die Quellenlage ist – wie bereits bei allen anderen neuheidnischen Zweigen am Baum des *New Age* – einfach zu dünn. Das ändert aber nichts an der Nützlichkeit des Konzepts für moderne feministisch orientierte Frauen (und auch Männer), die unsere Gesellschaft zum Positiven verändern sollen. Ob die Göttin Menschen in der Urgeschichte gestärkt hat, ist schwer zu rekonstruieren. Aber sie stärkt Menschen des 21. Jahrhunderts, und solange sich deren Ziele entlang der Werte von Naturschutz, Menschlichkeit, Toleranz und Gleichberechtigung bewegen, ist nur zu hoffen, dass sie weiterhin in dieser Hinsicht ihre Wirkung entfaltet. Den Praktizierenden ist wie auch allen anderen Neuheid*innen das Selbstbewusstsein zu wünschen, sich ihre Spiritualität nicht nehmen oder schlechtreden zu lassen, selbst wenn sie womöglich weniger alterprobt ist, als die Literatur der Szene vermitteln möchte.

Historische Ursprünge und Hexenverfolgungen

Wicca und *Goddess Spirituality* (samt „Matriarchatsforschung") greifen auf ähnliche angeblich prähistorische Bilder zurück, um ihre Weltbilder zu erschaffen. Die einzelnen Versatzstücke reichen auf konkrete Personen und Gruppen vor allem des 19. Jahrhunderts zurück – damals entstanden auf Basis einer jahrhundertelangen Beschäftigung mit dem Okkulten und Magie zahlreiche Strömungen wie Spiritismus, Theosophie und Ariosophie[55], die in unterschiedlicher Form die Basis für viele aktuelle esoterische Glaubenssysteme bilden, darunter auch das Neuheidentum. Vorerst[56] für den englischsprachigen Raum sind hier vor allem James Frazer, Robert (Ranke) Graves, Margaret Murray, Aleister Crowley, Charles Godfrey Leland und Dion Fortune zu nennen.[57] Sie alle trugen ihren inhaltlichen Teil zu jenem Gedankengebäude bei, das heute weite

Hexenprozess in Salem, Massachusetts (Stich von 1893)

MALLEVS MALEFICARVM,

MALEFICAS ET EARVM

haeresim frameâ conterens,

EX VARIIS AVCTORIBVS COMPILATVS,

& in quatuor Tomos iustè distributus,

QVORVM DVO PRIORES VANAS DÆMONVM versutias, præstigiosas eorum delusiones, superstitiosas Strigimagarum cæremonias, horrendos etiam cum illis congressus; exactam denique tam pestiferæ sectæ disquisitionem, & punitionem complectuntur. Tertius praxim Exorcistarum ad Dæmonum, & Strigimagarum maleficia de Christi fidelibus pellenda; Quartus verò Artem Doctrinalem, Benedictionalem, & Exorcismalem continent.

TOMVS PRIMVS.

Indices Auctorum, capitum, rerumque non desunt.

Editio nouissima, infinitis penè mendis expurgata; cuique accessit Fuga Dæmonum & Complementum artis exorcisticæ.

Vir siue mulier, in quibus Pythonicus, vel diuinationis fuerit spiritus, morte moriatur; Leuitici cap. 10.

LVGDVNI,
Sumptibus CLAVDII BOVRGEAT, sub signo Mercurij Galli.

M. DC. LXIX.

CVM PRIVILEGIO REGIS.

Teile der europäischen neuheidnischen Strömungen ausmacht. Vor allem Wicca verdankt diesen Autor*innen viele Elemente: die Gleichsetzung aller weiblichen Gottheiten der gesamten Welt; die dreifache Große Göttin und ihren göttlichen Begleiter, ihr zumeist untergeordneter Sohn-Geliebter, häufig „der Gehörnte" genannt; die Vorstellung, die historisch verfolgten Hexen seien die überlebenden Anhänger*innen einer prähistorischen Hexenreligion gewesen („Murray-Thesis");[58] den konkreten Ablauf von Ritualen (Ziehen eines Kreises, Anrufung in alle Himmelsrichtungen etc.) samt verwendeten Ritualgegenständen (Kelch, Stab, Dolch etc.); die Vorstellung von innerhalb einzelner Familien über Jahrhunderte weitergegebenem „Hexenwissen". Viele dieser Elemente mögen uns aus archäologischer Sicht heute teilweise sogar lächerlich anmuten, doch es lässt sich belegen, wie stark die frühe Archäologie mit an deren Etablierung beteiligt war.[59]

Zeitlich traf diese Entwicklung auf die Diskussion zu Geschlechterstrukturen in der Urgeschichte: Einige Forschungsarbeiten[60] innerhalb der Archäologie leisteten gewissen Meinungen Vorschub, als sich ab den 1950er Jahren auch hier mancherorts der Gedanke einer großen neolithischen Fruchtbarkeitsgöttin und einer eher friedlichen Agrarkultur unter weiblichen Vorzeichen manifestierte.[61] Dass sich das Fach nicht mit dem Begriff „Matriarchat" beschäftigte und sich auch bezüglich der Interpretation einer angeblichen großen neolithischen Fruchtbarkeitsgöttin ab den 1960er Jahren weiterentwickelte,[62] konnte die im neuheidnischen Denken festgesetzten Meinungen zur Urgeschichte in den folgenden Jahrzehnten offensichtlich nicht mehr maßgeblich ändern. Ob dies mit einer verstärkten Ablehnung akademischer Strukturen und ihrer Ergebnisse zusammenhängt[63], oder ob man sich einfach nicht von einem Gedanken trennen wollte, der allzu gut ins eigene Weltbild

Malleus Maleficarum – *Der Hexenhammer* von Jakob Sprenger und Heinrich Kramer (Institoris)

passt, sei dahingestellt. Der inhaltliche Ball wurde nun im Laufe des 20. Jahrhunderts von unterschiedlichen Personen(gruppen) aufgegriffen, um daraus die jeweiligen neuheidnischen Strömungen zu entwickeln.

Für die Entwicklung von Wicca ist in den Anfängen im Grunde eine einzelne Person verantwortlich: Gerald Gardner (1884–1964).[64] Als er, der wie viele seiner Zeit großes Interesse an Geschichte, Mythologie und dem Okkulten/Esoterischen hatte, aktiv zu werden begann, existierten bereits Organisationen wie der *Ancient Order of the Druids*, in dem er auch Mitglied war.[65] Er berief sich bei der Gründung seines ersten Hexenzirkels auf eine angebliche Initiation durch eine gewisse Dorothy, welche ihr Wissen wiederum aus alter familiärer Überlieferung gewonnen haben wollte. Gardner lag daran, seine Religion nicht als etwas Neues, sondern als Wiederbelebung einer nie vollständig zerstörten vorchristlichen Religion beurteilt zu sehen. Dorothy, deren Identität unklar ist, bildete für Gardner diese Brücke in die Vergangenheit. Aus geschichtswissenschaftlicher Sicht hält diese Brücke jedoch nicht stand: Tatsächlich hatte Gardner unter Zuhilfenahme zahlreicher Elemente aus anderen Religionen und dem Wissen um die historische Hexenverfolgung sowie um archäologische Erkenntnisse eine völlig neue Bewegung ins Leben gerufen.

„Wicca", ab den späten 1940er Jahren in Großbritannien durch einige kleinere Zirkel nachweisbar, trat nach Aufhebung des Witchcraft and Vagrancy Act 1951 öffentlich in Erscheinung.[66] Vor allem in der ersten Zeit wurde die Bewegung häufig mit dem Vorwurf der Teufelsanbetung konfrontiert. Die Wicca-Bewegung erfuhr rasch eine Abspaltung und sah die Entstehung einer Nebenform durch die von Alex Sanders und seiner Frau Maxine entwickelte alexandrinische Form von Wicca, die sich von außen betrachtet nur marginal vom gardnerischen Wicca unterscheidet.

Wicca – die Bezeichnung stammt von Gardner selbst und leitet sich vom altangelsächsischen Wort für „Hexe" ab[67] – verbreitete sich seit den 1960er Jahren rasch in Europa und den USA. Dort verband sich die Bewegung teilweise mit dem politisch motivierten Feminismus[68], für den der Hexenglaube als Geschenk aus vermeintlich matriarchaler Vorzeit galt, was auch zur Entstehung des *Dianic Wicca*[69] führte, einer ausschließlich Frauen zugänglichen und vollends die Göttin fokussierende Form des Neuen Hexentums.[70] Vor allem hier manifestierte sich die fast unverrückbare Vorstellung, die sich in der Wicca-Literatur häufig findet – dass die von der patriarchalen Obrigkeit als Hexen verfolgten Menschen der Frühen Neuzeit tatsächlich das gewesen seien, wofür sie verurteilt und getötet wurden: heidnisch agierende Hexen.[71]

Woher und wodurch diese Vorstellung in das Wicca-Gedankengut (und darüber hinaus) Eingang fand, lässt sich aus der jüngeren Geschichte seit dem 19. Jahrhundert sehr gut nachvollziehen.[72] Mit Sicherheit am einflussreichsten war Margaret Alice Murray (1862–1963)[73], deren Überzeugung vom Hexenkult als Rest einer europaweit praktizierten prähistorischen Religion als „Murray-Thesis" Eingang in die Diskussion gefunden hat. Ihre Ansichten hatten auch deshalb ein nicht unmaßgebliches Gewicht, weil sie ausgebildete Ägyptologin war und am University College in London wirkte.[74] Murrays These galt lange als unwidersprochen, vor allem in Großbritannien, dem Kernland der Entstehung und Verbreitung von Wicca und anderen neuheidnischen Strömungen. Auch als sich die Fachwelt ab den 1970er Jahren abzuwenden begann[75], blieb die These vom hohen Alter einer „Hexenreligion", die sich tatsächlich bis in die Frühe Neuzeit gehalten hatte, lebendig und wurde zum wesentlichen argumentativen Hintergrund der Traditionslinie, auf die Wicca sich teilweise bis heute beruft. Dies liegt sicherlich an der weiten Verbreitung, den Murrays These in unterschiedlichsten Texten (off- und online) hatte und hat. Die umfangreichen Forschungsarbeiten zu den europäischen Hexenverfolgungen der Frühen Neuzeit tragen zwar ihren Teil zum Verständnis dieses düsteren Phänomens bei, können aber aufgrund seiner Komplexität keine einfache oder einseitige Erklärung dafür anbieten. Murrays These hat den Vorteil, genau das zu liefern: einen einfachen Grund, warum Menschen als Hexen/Hexer angeklagt, verurteilt und hingerichtet wurden.[76] Das mag zur Popularität und jahrzehntelangen Tradierung beigetragen haben, macht die These jedoch historisch nicht korrekter.

Zum Abschluss dieses Themenkreises sei hier in aller Kürze der aktuelle Erkenntnisstand der Geschichtsforschung wiedergegeben: Mit einem Höhepunkt zwischen 1560 und 1630 fanden die europäischen Hexenverfolgungen zwischen 1430 und 1780 statt.[77] Die häufig kolportierte Opferzahl von neun Millionen, die aufgrund einer methodisch fehlerhaften Hochrechnung schon im 18. Jahrhundert zustande kam, kann seriös nicht mehr verwendet werden.[78] Weitaus wahrscheinlicher ist eine Zahl um 50 000. Erklären lässt sich dies eventuell mit einer „erheblichen Skepsis" der europäischen Gesellschaft sowohl gegenüber dem Hexenglauben als auch dem Fanatismus von Hexenverfolgern.[79] Bereits von Beginn der Hexenverfolgungen an waren deren Kritiker*innen nicht nur in großer Zahl vorhanden, sondern gleichfalls sehr aktiv.[80]

Wesentlich ist die Frage nach den Gründen für die Tötung von Menschen aufgrund angeblicher Schadenszauberei: nicht christliche Dämonenlehre oder frauenfeindliche Fantasien von Klerikern gaben den Ausschlag dazu, Personen wegen Hexerei zu verfolgen. Obwohl natürlich Teile von Kirche, Justiz und Staat Anteil an den Verfolgungen hatten, waren sie „primär von der Bevölkerung gewünscht und notfalls gegen den Willen der Obrigkeit durchgeführt worden", und zwar auf Basis eines tiefverwurzelten Hexenglaubens.[81]

Wesentlicher Fokus ist auf die Aussage zur Rolle der Obrigkeit, also auch der Kirche zu lenken: Der von neuheidnischer Seite häufig vorgebrachte Vorwurf, hier seien Frauen aufgrund ihres heidnischen Wissens gezielt von einer konkurrenzierenden religiösen Struktur getötet worden, ist ganz offensichtlich nicht haltbar. Neuere Ergebnisse der Forschung weisen vielmehr konkrete klimatische Zustände des 17. Jahrhunderts als wesentliche Faktoren für die intensiven Ausbrüche der Hexenverfolgungen vor allem in den heute

„Witches Being Hanged“, künstlerische Darstellung, England 1655

deutschen Gebieten aus. Eine sogenannte Kleine Eiszeit, welche die ohnehin bereits vorhandenen landwirtschaftlichen und sozialen Probleme massiv verstärkte, führte zu verheerenden Ernteausfällen, Hungersnöten und epidemischen Krankheiten. Die im Volksglauben tief verankerte Vorstellung von Wetterzauberei verursachte in logischer Folge die Beschuldigung von Hexen mit all ihren fürchterlichen Folgen. West- und südeuropäische Regionen waren nicht nur weitaus weniger von den klimatischen Kapriolen und Hungerkrisen betroffen, hier wurden dementsprechend auch signifikant weniger Hexenprozesse durchgeführt.[82]

Die Vorstellung von einer Existenz eines uralten Hexenglaubens ist streng von der Tatsache zu trennen, dass es seit der Antike den Glauben an die Möglichkeit von Zauberei und deren Missbrauch gab.[83] Das römische Recht stellt eine der Voraussetzungen der europäischen Hexenverfolgungen dar.[84] Der Glaube an schadenszaubernde

Personen ist also chronologisch weit zurückreichend und geographisch weitgespannt nachweisbar. Die jahrhundertelange Existenz von Personengruppen, die sich selbst als jeweilige Erb*innen einer Religion im Sinne des modernen Hexenglaubens begreifen, ist deshalb aber noch lange nicht belegt.[85]

Keltisches Neuheidentum

Das keltische Neuheidentum[86] hat ebenso wie Wicca einen vergleichsweise hohen Bekanntheitsgrad unter den neuheidnischen Strömungen. Dies hängt sicherlich mit dem großen öffentlichen Interesse am Begriff „Kelten" zusammen. Dazu passt das früh entstandene wissenschaftliche Interesse an diesem Teilbereich des Neuheidentums im Vergleich zu in der westlichen Welt immer noch weniger gut bekannten Strömungen wie beispielsweise dem „slawischen"/ osteuropäischen Neuheidentum. „Kelten" und „Druiden" sind allgemein bekannte Begriffe, auch wenn den wenigsten Nutzer*innen die fachimmanenten Diskussionen dazu bekannt sein dürften. Was die Verwendung angeblich keltischer Inhalte bei der Schaffung und Gestaltung neuheidnischer Religionen und Handlungen angeht, ist deutlich sichtbar, dass es einerseits zahlreiche konkret neokeltische Strömungen gibt, andererseits viele der typischen Inhalte auch für andere neuheidnische Weltbilder genutzt werden. Es gibt somit keine klaren Trennlinien: „Keltisches" hat seinen Weg in die Wicca-Mythologie gefunden, ebenso wie in die Göttinnenspiritualität und den modernen Schamanismus. Dies entspricht der typisch freien und eklektizistischen Art und Weise, in der das Neuheidentum sich häufig konstituiert (hat).

Die konkrete Vergangenheit, auf die sich das keltische Neuheidentum, im englischsprachigen Raum häufig als *Druidry* bezeichnet, bezieht, ist also „keltisch". Die Problematik des Volksbegriffs allgemein und speziell der „Kelten" wird noch ausführlich in einem späteren Kapitel behandelt. Worum es hier geht, ist die Rekonstruktion einer

Druidenorden, Tower Hill, London 2019

den Träger*innen der eisenzeitlichen und frühmittelalterlichen Kulturen Mittel- und Westeuropas unterstellten Religion. Die dafür benutzten Quellen sind größtenteils schriftlich: irische und walisische Sagen und Rechtstexte sowie antike Texte. Außerdem werden regelmäßig archäologische Quellen genutzt. Ich habe mich im Rahmen einer umfassenden Studie mit der Frage nach der Menge und Bedeutung archäologischer Quellen für diese Rekonstruktion auseinandergesetzt. Dabei zeigte sich, dass Hinweise aus der Fachliteratur, beispielsweise zu bestimmten Fundorten oder Fundkategorien, nicht in so großer Zahl auftreten wie solche auf Begriffe und Inhalte aus Sagen. Dennoch haben sie großen argumentativen Wert. Denn so gut wie alle Bücher der keltisch konnotierten neuheidnischen Szene verfügen über ein einleitendes Kapitel, in welchem die mutmaßliche Herkunft der Kelten und ihre Religiosität beschrieben wird – hier liegt die Rechtfertigung für das eigene Tun, hier wird die eigene Traditionslinie verankert. Der überwiegende restliche Teil des Buches mag nur noch konkrete Rituale beschreiben, Vorschläge, wie man neodruidische Spiritualität im eigenen Alltag verankern kann, ohne Bezüge zu Mythen oder archäologischen Fakten herzustellen. Doch zu diesem Zeitpunkt der Lektüre sind die Eckpunkte längst abgesteckt: Man wähnt sich in einer Tradition und baut auf ihr auf, ohne weiter auf die mangelhafte Quellenlage einzugehen – was allerdings auch nicht die Aufgabe des Neuheidentums ist, sondern jene der Archäologie.[87]

Einige der allgemein oder chronologisch gut verankerbaren archäologischen Begriffe, die vom keltischen Neuheidentum genutzt werden, sollen hier nur zur Veranschaulichung der inhaltlichen Breite und zeitlichen Tiefe aufgelistet werden: Megalithkulturen, Urnenfelderzeit, Eisenzeit, Hallstattzeit, Latènezeit, Indoeuropäer, Fundorte wie die Heuneburg, Hochdorf oder eisenzeitliche Hillforts in Großbritannien sowie Oppida und Viereckschanzen, Gewässerheiligtümer und mit dem „Kopfkult" verknüpfte Orte wie Entremont und Roquepertuse, galloromanische Quellen zu verschiedenen Gottheiten, der Kessel von Gundestrup, der Kalender von Coligny und – chronologisch gewissermaßen abschließend – das „keltische Christentum" Irlands. Interessanterweise bezieht man sich so gut wie nie auf (eisenzeitliche) Gräberfelder, obwohl dies gerade jener Bereich sein dürfte, in dem uns die spirituellen Weltbilder der prähistorischen Kulturen nahekommen, selbst wenn sie nicht fundiert rekonstruierbar sind.[88]

Mit „keltisch" eng verbunden ist naturgemäß der Druidenbegriff. Er ist im keltischen Neuheidentum ganz zentral, und viele Praktizierende nutzen ihn zur Selbstbezeichnung. Obwohl es im Laufe der jüngeren Geschichte durchaus nicht nur positive Druidenbilder gab[89], etablierte sich in den letzten Jahrzehnten das Bild des naturverbundenen weisen Druiden. Schon im 19. Jahrhundert dürfte die Vorstellung entstanden sein, Druiden hätten sich angesichts der Verfolgungen durch „heidnische" Römer und später Christen in die für

Sommersonnenwende in Stonehenge, 2017

sie ohnehin sehr bedeutende wilde Natur zurückgezogen und dort noch eine geraume Zeit überlebt.[90] Aus dieser Zeit stammt wohl auch die Gleichsetzung von Druiden mit einer pantheistischen Religion sowie der Glaube an durch religiöse Handlungen der Druiden regelrecht mit Energie angereicherte heilige Orte in der Natur.[91] Der wesentliche Begriff in diesem Zusammenhang ist jener der „Heiligen Haine" als ein Ausdruck der vermeintlich großen Verbundenheit aller Kelten und insbesondere der Druiden mit Bäumen[92] – aus dieser Vorstellung speist sich auch die Popularität des „Keltischen Baumhoroskops".

Was die aktuellen wissenschaftlichen Erkenntnisse zu Druiden angeht, so stammen die frühesten schriftlichen Hinweise aus dem 2. Jahrhundert v. Chr., wenngleich die ersten Darstellungen ihrer Funktionen und sozialen Stellung erst bei Poseidonius auftauchen[93]. Dessen Angaben sind wiederum über Bemerkungen anderer Autoren – Diodor von Sizilien, Strabon, Timagenes von Alexandria –, die

erst Ammianus Marcellinus zitiert, rekonstruierbar[94]. Bei Diodor findet sich die Information, Druiden wären die dritte Gruppe neben Barden und Wahrsagern (Vaten). Er beschreibt sie als Theologen und Philosophen und jene, die Opfer vollziehen.[95] Auch Strabon nennt die drei Gruppen Druiden (Natur- und Moralphilosophen), Barden (Sänger und Dichter) und Vaten (Priester und Naturphilosophen). Ähnliches beschreibt Ammianus Marcellinus, der die druidische Lehre mit jener des Pythagoras in Verbindung bringt.[96] Cicero fügt den druidischen Aufgaben noch die Mantik mit Hilfe der Zeichendeutung hinzu, im Unterschied zu Caesar, der derlei Praktiken nicht erwähnt[97]. Caesar selbst wiederholt den Großteil der älteren Informationen zu den Druiden, ergänzt aber noch zahlreiche weitere Details, beispielsweise die Einschätzung, sie wären neben dem Adel die wichtigste Gruppe in der Gesellschaft gewesen.[98] Außerdem stammt von ihm die oftmals zitierte lange Lehrzeit der Druiden von bis zu zwanzig Jahren.[99] Wie auch in anderen Bereichen ist anzunehmen, dass Caesar bewusst von der Realität abweichende Darstellungen formulierte, um die Akkulturationsfähigkeit der Gallier (im Gegensatz zu den Germanen) herauszustreichen.[100] Auch Pomponius Mela griff diese Beschreibung auf: „Dennoch haben sie eine natürliche Redegabe und als Weisheitslehrer die Druiden. Diese geben an, die Größe und Gestalt der Erde und des Universums, die Bewegungen des Himmels und der Gestirne sowie den Willen der Götter zu kennen. Die Edelsten des Volkes unterweisen sie im Verborgenen eine lange Zeit, nämlich zwanzig Jahre, und zwar in einer Höhle oder in abgelegenen Bergwäldern.“[101] Möglicherweise wollte Pomponius Mela mit dem Hinweis auf das Fehlen von Häusern und Tempeln den urtümlichen Charakter des gallischen Priesterwesens unterstreichen, und weniger ein Bild von Druiden als Träger einer Geheimlehre zeichnen, die in Höhlen und Wäldern lehrten, um sich vor römischen Repressalien zu schützen.[102] Bereits in der Antike wurde auch die angeblich große Bedeutung heiliger Haine für die Druiden postuliert.[103]

Praktizierende der mehrheitlich keltisch konnotierten Stränge des Neuheidentums greifen somit auf einen reichen Schatz an vermeintlich gut nutzbaren Schriftquellen zu Druiden, keltischen Mythen und archäologischen Quellen zu Eisenzeit und Frühmittelalter in Europa zurück. Die schlechte Vergleichbarkeit all dieser Quellen verursacht nur bei Fachleuten Irritationen. Sie stammen nämlich aus allzu unterschiedlichen Gebieten oder Zeitabschnitten, um ein homogenes Bild der gelebten Spiritualität einer Kultur abgeben zu können. Vielmehr sind sie höchst unterschiedlichen Kulturen entnommen und in kreativer Weise zu einem neuen Ganzen zusammengefügt worden – was sie spirituell gesehen nicht weniger wertvoll machen mag, aus wissenschaftlicher Sicht aber weitgehend ohne Basis ist.

Ein gut bekanntes Beispiel eines modernen Druidenordens ist der *Order of Bards, Ovates and Druids* (OBOD), der schon in seiner Bezeichnung engen Bezug zu konkreten Quellen nimmt. Druiden, Barden und Vaten werden in antiken Schriftquellen erwähnt, ungefähre Aufgaben und Zuständigkeitsbereiche werden beschrieben. Darauf aufbauend entwickelte der OBOD ein umfassendes System einer stufenweisen druidischen Ausbildung, die es einem ermöglicht, im Rahmen eines Fernkurses[104] Druide zu „werden". Regelmäßige Treffen in Gruppen – den *Groves* – finden analog zu zahlreichen anderen neuheidnischen Gruppierungen im Rahmen der gut bekannten Jahreskreisfeste statt.

Die historische Entwicklung des modernen Druidentums ist ebenso wie jene von Wicca sehr gut erforscht und anhand umfangreicher Literatur gut nachvollziehbar.[105] Was Gerald Gardner für Wicca, war (Philip) Ross Nichols (1902–1975) für wesentliche Teile des Neodruidentums.[106] Ausgehend von seinen Erfahrungen mit anderen Organisationen und seiner Beschäftigung mit der Thematik gründete Nichols 1964 den erwähnten *Order of Bards, Ovates and Druids.*[107] Der Ursprung von OBOD hängt eng zusammen mit dem 1913 gegründeten Orden *The Universal Bond of the Sons of Men* (später bekannt als *Ancient Druid Order*)[108], dessen Mitglieder

Wintersonnenwende im Steinkreis von Castlerigg, Cumbria 2021

stetig um ihr Recht auf Nutzung von Stonehenge zur Sommersonnenwende kämpften und vor allem ab den 1950er Jahren, nachdem die anderen druidischen Organisationen den Steinkreis verlassen hatten, das öffentliche Bild von Druiden in Stonehenge prägten.[109] 1964 starb der damalige Leiter des *Universal Bond* ohne konkrete Nachfolgeregelung. Nichols, der diese Funktion gerne übernommen hätte, aber damit nicht erfolgreich war, verließ den Orden und gründete den OBOD.[110] Er war ein enger Freund von Gardner und entlehnte von Wicca unter anderem das System der acht Jahreszeitenfeste, worin die Ursache der heute vermehrt festgestellten Ähnlichkeiten zwischen *Druidry* und Wicca zu finden sein dürfte. Als er 1975 starb, hinterließ auch er keinen Nachfolger, erschien jedoch neun Jahre später Philip Carr-Gomm (einem ausgebildeten Psychologen) in einer Vision mit der dringenden Aufforderung, sich um seinen Nachlass zu kümmern und die Bedeutung der druidischen

Lehre für die moderne Welt anzuerkennen.[111] Carr-Gomm folgte dem Ruf und belebte OBOD mit großem Erfolg als „chosen chief" neu.[112] Zehn Jahre nach seiner Wiederbelebung 1988 war OBOD der weltweit größte Druidenorden mit spiritueller Ausrichtung, mit zahlreichen Mitgliedern in allen englischsprachigen Ländern sowie am europäischen Kontinent.

Neben OBOD existieren noch zahlreiche andere Druidenorden, ständig werden neue gegründet, verschwinden wieder oder wachsen, was die Zahl der Mitglieder angeht, stetig an.[113] Der englische Historiker Ronald Hutton meint, dass sich die Druidenorden aktuell von der Vorstellung, spirituelle Lehren nach antikem Modell zu leben, gelöst hätten – aufgrund der Akzeptanz der Tatsache, dass die Quellen dies nicht erlauben.[114] Dem ist allerdings entschieden zu widersprechen, wie nicht zuletzt eine Analyse der einschlägigen Literatur belegt hat[115].

Germanisches Neuheidentum

Begriffe und Vereinnahmungen

Die Gruppierungen und Strömungen des germanischen Neuheidentums sind ausgesprochen heterogen. Vor allem hinsichtlich ihrer Abgrenzung oder Nähe zu rassistischem oder nationalsozialistischem Gedankengut unterscheiden sie sich teilweise stark. Dies drückt sich auch in der Benennung der jeweils eigenen neuheidnischen Gruppe aus. Unter den Praktizierenden ist beispielsweise die Bezeichnung Ásatrú („Asen-Treue") weit verbreitet. Diese Eigenbezeichnung verdeutlicht ein „religiöses Bindungsverhältnis zwischen Praktizierenden und den Göttern der altisländischen Mythologie"[116]. Auf der Website der neuheidnischen Gruppe *The Troth* werden die Begriffe Ásatrú, *Heathenry* und *Norse Paganism* verwendet.[117] In wissenschaftlichem Kontext kommen die Begriffe „germanisch-neuheidnische Alternativreligion" und „germanisches Neuheidentum" sowie

Runenstein mit Darstellungen von Odin, Thor und Freya

„Neugermanisches Heidentum" vor.[118] Aufgrund der Heterogenität und Problematik des Begriffs „Neuheidentum" für die germanisch ausgerichteten Teile der Szene wurde außerdem die Bezeichnung „Asa-Theismus" bzw. „Asatheismus" vorgeschlagen.[119] Im englischsprachigen Raum hat sich der Begriff *Heathenry* eingebürgert, der übersetzt zwar nur allgemein „Heidentum" bedeutet, hier aber spezifisch für die germanisch ausgerichteten Teile der neuheidnischen Szene steht. Alternativ dazu finden sich die Bezeichnungen *Odinists/Odinism* bzw. *Wotanism*. Vor allem letztere haben eine jahrzehntelange Entwicklungsgeschichte in den USA hinter sich und sind weitgehend in die Nähe der *White Supremacy*-Bewegung zu rücken.[120]

Somit verfügt das Neogermanentum im Unterschied zu den meisten anderen neuheidnischen Strömungen über große ideologische

Sprengkraft. Nachweislich beziehen sich einige der deutschen Gruppen der Szene auf nationalsozialistisches Gedankengut und sind als rechtsextrem einzustufen.[121] Für (germanische) Neuheid*innen besteht eine wesentliche Anbindung an eine Traditionslinie in die Vergangenheit, teilweise auch im Sinne einer Verwurzelung.[122] Besonders Anhänger*innen völkisch denkender Gruppen betonen den Aspekt der Abstammung, des natürlichen Erbes, der Angeborenheit des (Neu-)Heidentums im Unterschied zum aus einer „fremden“ Zone und Kultur übernommenen Christentum – in diesem Fall geht es um den „Kultus der Identität ‚germanischstämmiger‘ Menschen […]; es handelt sich dabei um keine selbst gewählte Religion.“[123] In dieser Hinsicht unterscheidet sich das völkische germanische Neuheidentum von anderen neuheidnischen, auch anderen germanisch konnotierten neuheidnischen Konzepten. (Ausnahmen werden im Kapitel zum osteuropäischen Heidentum vorgestellt.)

Es ist noch einmal mit aller Deutlichkeit darauf hinzuweisen, dass diese ideologische Nähe zu bedenklichem (und teilweise verbotenem) Gedankengut nicht für alle Personen und Gruppen innerhalb der neogermanischen Szene gilt.[124] Dennoch wurde in der Vergangenheit oft sogar das Neuheidentum ganz allgemein mit braunem Denken und Rechtsextremismus in Verbindung gebracht.[125] Tatsächlich distanzieren sich viele Praktizierende, im vollen Bewusstsein dieser Problematik, sehr deutlich von diesen Ideologien.[126] Hier ist also eine differenzierende Betrachtung der Szene angebracht.

Wie auch bei anderen neuheidnischen Richtungen ist die Frage nach der Anzahl der Praktizierenden schwierig zu beantworten. Dänemark weist bei einer Bevölkerungszahl von 5,5 Millionen etwa 2 000 Anhänger*innen auf. Für Island zählt man im Zusammenhang mit der bereits 1973 staatlich anerkannten Asenglaubensgemeinschaft *(Ásatrúarfélagið)* über 1 000 Anhänger*innen bei 300 000 Einwohner*innen.[127]

Felsritzbilder von Tanum in der Region Bohuslän, Schweden

Innerhalb der Szene besteht eine lebhafte Diskussion zu den unterschiedlichen Termini und Selbstbezeichnungen,[128] zu der auch eine häufige Ablehnung des Begriffs „Neuheidentum"/*Paganism* gehört. Hintergrund ist die große Bedeutung des *Reconstructionism*-Konzepts, das als Gegensatz dazu verstanden wird. Demnach bestünde die realistische Möglichkeit, aufgrund der Quellenlage die tatsächlichen spirituellen Inhalte und Handlungen der für wesentlich gehaltenen Zeiten und Kulturen rekonstruieren zu können, um sie im Hier und Jetzt auf korrekte Weise zu praktizieren.[129] Im Unterschied dazu wird beispielsweise Wicca und *Druidry* unterstellt, beliebig und eklektizistisch Elemente zu sammeln, um daraus jeweils eine moderne (neue) Religion zu schaffen bzw. geschaffen zu haben, wofür der Begriff „Neuheidentum" aus Sicht der *Reconstructionists* folgerichtig scheint.[130] Dem Begriff *Unverified Personal Gnosis* (UPG) kommt dabei große Bedeutung zu – ob persönliche (und auf ihre Wirksamkeit hin nicht eindeutig verifizierbare) spirituelle Erfahrungen als solche anerkannt und eventuell sogar in den Kanon der Ritualhandlungen einer ganzen Gruppe aufgenommen werden dürfen oder nicht, ist Gegenstand intensiver Debatten.[131]

Bezugspunkte und Traditionslinien

Was den Bezug zur Vergangenheit angeht, zeigen sich deutliche Parallelen zu anderen Neuheidentümern wie Wicca und *Druidry*. Auch im germanisch konnotierten Neuheidentum wird gezielt und intensiv auf bestimmte Quellen zurückgegriffen. Gut vergleichbar mit *Druidry* gibt es einen Überhang zugunsten der Schriftquellen[132], welche weitaus besser als archäologische Quellen dafür geeignet sind, spirituelle Inhalte und Weltbilder zu transportieren.[133]

Interessanterweise beziehen sich manche der Praktizierenden in ihrer Argumentation, für wen germanisches Heidentum sinnvoll und nutzbar ist, häufig auf eine „germanisch-keltische Abstammung".[134] Hier ist es offenbar bereits zu einer Mischung der Begriffe bzw. traditionsliefernden Kulturen gekommen.

Diana Paxsons *Essential Ásatrú* ist ein sehr gutes Beispiel für das Ziehen einer Traditionslinie in neuheidnischer Manier, welche auch aufgrund des großen Einflusses der Autorin auf die gesamte Szene wohl intensive Rezeption erfahren haben dürfte. Ihr Buch verfügt über ein (ungewöhnlich) umfangreiches archäologisch-historisches Kapitel.[135] Interessant dabei ist die geschickte Verknüpfung einer (romanhaften) Erzählung einer (fiktiven) Zusammenkunft von Praktizierenden, welche gemeinsam ein Ritual feiern. Reihum kommen die Teilnehmenden zu Wort und vermitteln so mit der Zeit ein vielfältiges Bild der Glaubens- und Ritualpraxis. Diese Textabschnitte wechseln mit Paxsons Darstellung der angeblichen Traditionslinie ab. Dabei wird dies sprachlich sehr geschickt gemacht, denn die wenigsten Fakten, die dabei präsentiert werden, sind an sich falsch. Ganz im Gegenteil entsprechen zahlreiche der detailgenau formulierten Informationen zu Steinzeit und Bronzezeit sowie späteren Abschnitten der historischen Entwicklung wie Völkerwanderungszeit und Wikingerzeit mehr oder weniger dem aktuellen Forschungsstand, wenngleich daran häufig veraltete Interpretationen anschließen[136]. Die Problematik liegt viel eher in der suggerierten Verbindung all dieser Phasen der europäischen Urgeschichte und Geschichte, indem beispielsweise eine bronzezeitliche Göttin als mögliche Vorläuferin der Göttin Freya dargestellt wird[137].

Es ergibt sich die paradoxe Situation, dass sich naturgemäß alle neuheidnischen Gruppen auf die gleichen Quellen zur und Abschnitte der Urgeschichte beziehen, wenngleich im Detail jeweils andere Aspekte bevorzugt oder stärker herausgestrichen werden – je nach Zielsetzung im Sinne vom Endpunkt der Traditionslinie. Philip Carr-Gomm vom OBOD beginnt bei seiner Darstellung der Traditionslinie von *Druidry* in der Steinzeit[138], wenngleich er sich stärker auf britische Megalithdenkmäler wie Stonehenge als auf skandinavische Megalithen und Felszeichnungen, wie es Paxson tut[139], bezieht. Weitere auch in anderen neuheidnischen Traditionslinien auftretende kulturelle Elemente, Kulturen und Zeitpunkte sind bei Paxson die Indo-Europäer[140], die Schnurkeramiker[141], die (keltische) Eisenzeit[142] sowie das Aufeinandertreffen der einheimischen Kulturen und der römischen Kultur und Macht[143].

Die Nordische Bronzezeit mit den schon erwähnten Felsritzbildern oder dem Wagen von Trundholm (ohne ihn so zu nennen)[144] stehen stärker im Vordergrund als bei anderen neuheidnischen Traditionslinien, was aufgrund der hohen Bedeutung von Skandinavien als Bezugspunkt für das germanische Neuheidentum auch nicht verwunderlich ist. Dies gilt analog für die Völkerwanderungszeit und das gesamte europäische Frühmittelalter bis zu dessen Ende in der Wikingerzeit samt ihrer Bedeutung für die Entstehung der Sagen-Literatur[145] – in all diesen Jahrhunderten spielten Kulturen und Gruppen eine Rolle, die später von der Forschung und der Populärkultur mit dem Begriff „Germanen“ in Zusammenhang gebracht wurden. Deshalb bietet sich ein breites Quellenspektrum aus dem Bereich von Archäologie und Geschichtswissenschaften für Interessenten am germanisch konnotierten Neuheidentum. Paxson spannt den Bogen der Traditionslinie in diesem Zusammenhang sogar über die ersten christlichen Jahrhunderte in Nordeuropa, in denen unter anderem die Edda entstand[146], bis zum Beginn der Rekonstruktion des germanischen Neuheidentums[147]. Auf diese Weise erscheint auch der zeitliche Abstand zwischen den letzten „echten“ heidnischen Spuren im Quellenbestand und der Wiedererweckung geringer.[148]

Auf Basis der vor allem altisländischen Literatur[149] wird im germanischen Neuheidentum somit ein detailreiches Glaubenssystem kreiert (in eigener Darstellung „rekonstruiert“). Als grundlegendes spirituelles Konzept wird beispielsweise die Bedeutung von Yggdrasil – der Weltesche – beschrieben. Neun Welten existieren demnach an unterschiedlichen Stellen des Baumes, in den Ästen oder unter den Wurzeln. Drei der bekannteren sind Asgard, die Welt der Götter, die auch aus den nordischen Mythen bekannt sind, Midgard, die Welt der Menschen, und Utgard bzw. verschiedene untere Welten, in denen Hel, Dunkelelfen usw. existieren. Über den Baum, der die Welten miteinander verbindet, zeigt sich eine gewisse Nähe zu schamanischen Kosmologien unterschiedlicher Kulturen.[150]

Ganz wesentlicher Bezugspunkt im germanischen Neuheidentum sind die aus den Schriftquellen mehr oder weniger gut bekannten Gottheiten samt Beinamen und Zuständigkeitsbereichen. Odin, Thor, Freya, Heimdall und Frigg sind nur einige wenige Beispiele. Vor allem die weiblichen Gottheiten haben auch in anderen neuheidnischen Gruppen große Bedeutung, beispielsweise in Wicca.[151]

Praktizierung in Gruppen

Wie auch in anderen Zweigen des Neuheidentums wird das germanische Neuheidentum häufig im Rahmen von Gruppentreffen praktiziert; einzelne Praktizierende kommen aber genauso vor. Die Gruppengrößen und -zusammensetzungen variieren. Der Begriff *kindred* kann hierbei als ein Äquivalent zum *Coven* in Wicca gesehen werden.[152] Eine häufige Bezeichnung für Gruppentreffen lautet auch *Blot* bzw. *Blót*. Die Ehrung von Göttern und Ahnen kann dabei eine zentrale Rolle spielen, ebenso die Opferung von Gaben wie Speisen oder Getränke. Der Kalender, nach dem die Treffen erfolgen, orientiert sich ganz individuell entweder nach den acht Jahreskreisfesten, wie sie von Wicca bekannt sind, oder nach den drei Festen, die in der mittelalterlichen Literatur genannt sind.[153] Ergänzt werden kann dies noch durch Rituale zur Sommersonnenwende oder – individuell gestaltet – zu Ehren unterschiedlicher Gottheiten, die zu Jahreszeit und Ort passen, sowie von Ahnen.[154]

Historische Entwicklung und Identitätsstiftung

Wie auch bei Wicca und *Druidry* lässt sich die Entwicklung des germanischen Neuheidentums seit dem 19. Jahrhundert gut nachvollziehen. Für die Anfänge im deutschsprachigen Raum ist natürlich auf jene germaneninteressierte Autorenschaft zu verweisen, deren Schriften im frühen 20. Jahrhundert teilweise als Grundlage für nationalsozialistisches Gedankengut dienten. Zu nennen sind hier exemplarisch Guido von List und Jörg Lanz von Liebenfels, deren völkische Ideologien mit theosophischen Themen und Germanischem intensiv gemischt und so zur Grundlage auch für zahlreiche (neo-)germanische Gruppierungen wurden.[155] Im Unterschied zu Wicca und *Druidry* war das germanische Neuheidentum bereits früh Gegenstand wissenschaftlicher Forschung in Deutschland.[156] Dieser Teil des Neuheidentums geriet natürlich durch seine Nähe zu Ideologien, Symbolen, Themen und Personen, die besonders in Deutschland nicht ganz unbegründet mit Argwohn beobachtet werden, ins Zentrum der Aufmerksamkeit. Mittlerweile steht, wie bereits erwähnt, aber außer Zweifel, dass wohl nur ein geringer Teil aller Praktizierenden im germanisch konnotierten Neuheidentum völkischen oder nationalsozialistischen Denkweisen nahesteht.[157] Der in dieser Hinsicht anfällige Teil erhält allerdings mit Sicherheit immer noch mehr öffentliche Aufmerksamkeit.

Für die jüngere historische Entwicklung im englischsprachigen Teil der Szene ist Diana Paxson als langjährige leitende Figur innerhalb von *Heathenry* sicherlich eine seriöse Quelle. Sie nennt zahlreiche konkrete Gruppen, die in den 1970er Jahren im englischsprachigen Raum gegründet wurden.[158] Die Szene entwickelte sich ab den 1980er Jahren rasch weiter: 1987 wurde beispielsweise *The Troth* gegründet, dem Paxson selbst angehört. In den Jahrzehnten danach wuchs nicht nur die Anzahl der Gruppen, die immer konkreter differenzierten, welchem Zweig des germanischen Neuheidentums sie angehören wollten, sondern auch die Menge an entsprechender Literatur und Internetseiten.[159]

Im germanischen Heidentum ist der Begriff der Naturreligion nicht von so großer Bedeutung[160] wie in keltisch konnotierten Gruppen oder bei Wicca. Eher scheint zumindest teilweise das „Wurzel-Konzept" identitätsstiftend zu sein. Neogerman*innen sehen ihre Religion häufig als etwas „Natürliches", ein ihnen aufgrund ihrer Abstammung ohnehin innewohnendes Element an, dessen Pflege sie nicht bewusst wählen mussten. Der Begriff „Natur" ist hier völlig anders gefärbt als im Neodruidentum und bei Wicca, wo die Natur als spirituelles Vorbild dient, und man sich durch die Pflege einer „Naturreligion" durchaus mit anderen Anhänger*innen solcher

Mittsommer – Sommersonnenwende

Religionen auf der ganzen Welt verbunden fühlen darf und Elemente und beispielsweise Gottheiten für die eigenen Rituale quasi entlehnen kann. Hier liegt ein weitaus stärker universalistisch ausgeprägtes Weltbild als bei einem Teil der neogermanischen Szene vor. Offensichtlich wird das „Wurzel-Konzept“ umso bedeutender, je völkischer die jeweilige neuheidnische Gruppe orientiert ist. Je schwächer die völkische Orientierung, desto eher wird von „Naturreligion“ gesprochen – und desto stärker werden auch andere Traditionslinien bzw. -geber in das eigene Weltbild einbezogen (keltisch, slawisch)[161]. Man könnte das auch so formulieren: Je problemloser sich Neuheid*innen an spirituellen Versatzstücken aus unterschiedlichen Kulturen bedienen, je eklektizistischer sie ihr Weltbild formen, desto weltoffener könnten sie denken.

Mit Blick auf die geographische und inhaltliche Verortung hätte man ebenso den Begriff eines „slawischen Neuheidentums“ wählen können. Aber nicht nur aufgrund der Tatsache, dass auch das Neuheidentum des Baltikums beschrieben werden soll, wird der „Slawen“-Begriff vermieden. Damit ist nicht verbunden, die Selbstidentifikation von Millionen von Menschen als Angehörige einer slawischen Kultur oder Sprachgemeinschaft nicht anzuerkennen. Der Grund liegt hauptsächlich in der mangelnden Verwendung des Begriffs „Slawen“ in jener Literatur, die sich mit dem Neuheidentum beschäftigt. Dazu kommt das Unbehagen einer Archäologin bei der Verwendung von ethnischen Bezeichnungen, die rückbezogen auf vergangene Kulturen auch für tote Menschen verwendet werden, bei deren ethnischer Zuordnung wir uns einfach nicht sicher sein können.

Die Angelegenheit darf insofern als inkonsequent betrachtet werden, da die Begriffe „keltisches Neuheidentum“ und „germanisches Neuheidentum“ ebenfalls verwendet werden. Dies hängt aber wiederum mit der etablierten Nutzung der Begriffe in der neuheidnischen Literatur und innerhalb der *Pagan Studies* zusammen. Man kommt schlichtweg nicht mehr los von diesen beiden Bezeichnungen, und schon der Versuch wäre umsonst. „Slawisches Neuheidentum“ scheint – zumindest zum gegenwärtigen Zeitpunkt – jedoch kein etablierter Begriff zu sein, ebenso wenig innerhalb der Szene, weshalb er auch nicht künstlich erzeugt werden soll.

Vielmehr haben die osteuropäischen Neuheidentümer jeweils konkrete Eigenbezeichnungen, die im Englischen teilweise mit *Native Faith* übersetzt werden und die ethnische beziehungsweise nationalistische Komponente durchaus gut verdeutlichen: *RUNvira* bzw. *Ridnovirstvo* in der Ukraine, *Rodnoverie/Rodnovera* in Russland und anderen osteuropäischen Ländern, oder *Rodzimowierstwo* in Polen, um nur einige zu nennen.[162] Offensichtlich gibt es im osteuropäischen Bereich auch eine nicht unwesentliche Gruppe von Personen, die den Begriff *Pagans* ablehnen.[163]

Jene Religionen, um die es hier geht, wurden beispielsweise als „ethnic religions“ bezeichnet und durch gewisse Schlagworte beschrieben,[164] wie durch Polytheismus sowie die gleichzeitige Entstehung in verschiedenen Ländern nach dem Zusammenbruch des Kommunismus als wesentliche Kennzeichen. Was auch für andere neuheidnische Strömungen Gültigkeit hat, ist ebenso typisch für das Neuheidentum in Zentral- und Osteuropa: das Bedürfnis, Rituale und Praktiken zu rekonstruieren, die als alt und ursprünglich angesehen werden. Ebenfalls vertraut im Vergleich zu den westlichen Strömungen ist das geringe Maß an organisatorischer Struktur sowie der Mangel an ortsfesten Heiligtümern, Kultstätten und Kirchen.[165]

Was die Quellenlage angeht, haben die neuheidnischen Strömungen Osteuropas mit ähnlichen Problemen wie das keltische und germanische Neuheidentum sowie Wicca zu kämpfen – die eigene Religion ist nur unter Einsatz von Kreativität und großem Sammeleifer hinsichtlich einzelner Elemente zu (re-)konstruieren. Seit den 1980er Jahren wird mit den unterschiedlichsten Quellen gearbeitet – diese stammen unter anderem aus dem Umfeld der Archäologie und Literatur und beschäftigen sich mit lokaler Folklore, Bräuchen und Ritualen.[166] Naturgemäß kommt den slawischen Mythen große Bedeutung zu, aus denen unter anderem Namen von slawischen Gottheiten (wie beispielsweise Perun oder Veles) bekannt sind.

Bezüglich der (Re-)Konstruktion der eigenen Tradition wird diese häufig entlang einer ethnischen bzw. nationalen Komponente definiert[167] und entsprechend nach Elementen, die der Rekonstruktion dienlich sein können, gesucht. Dabei scheint – wie bereits erwähnt – das religiöse Element weniger stark im Vordergrund zu stehen als bei vergleichbaren Gruppen im Westen; es geht (auch) ganz wesentlich um Identität.[168] Weitere Autoren[169] beobachten hingegen ein starkes Bedürfnis, eine enge Verbindung mit Religionen der (ferneren) Vergangenheit herzustellen und authentische Quellen zu nutzen. So erscheinen etwa *Romuva* und *Dievturi* als Bewegungen, denen eher daran gelegen ist, sich selbst im Sinne einer „Wiederbelebung“

zu definieren, und die sich daher weniger um eine vollumfängliche Rekonstruktion bemühen würden.[170] Offenbar besteht die Ansicht, dass sich Elemente der alten Religion(en) in der „living folk tradition" erhalten haben und somit zur Wiederbelebung ohnehin noch vorhanden sind.[171]

Wichtiger Bezugspunkt im Quellenspektrum ist das angeblich authentische, jedoch schon längere Zeit als Fälschung identifizierte sogenannte Book of Veles.[172] Darin werden unter anderem verschiedene Götter und ihre Zuständigkeitsbereiche erwähnt, was – wäre diese Quelle authentisch – sehr nützlich für die Rekonstruktion einer neuheidnischen Religion wäre. Entsprechend wird diese „Quelle" genau für diesen Zweck intensiv verwendet, wohl weil sie nicht als Fälschung anerkannt wird. Es stellt sich die Frage, ob dadurch die Suche nach weiteren Quellen für Neuheid*innen mit Rekonstruktionsanspruch gewissermaßen obsolet wird.

Die historische Entwicklung des osteuropäischen Neuheidentums hängt eng zusammen mit jenen nationalistischen und esoterischen Strömungen des 19. und frühen 20. Jahrhunderts, die als Basis für das westliche Neuheidentum gelten.[173] Bereits vor dem Zweiten Weltkrieg agierten aus heutiger Sicht als neuheidnisch zu bezeichnende Protagonist*innen im künstlerischen Bereich.[174] Im Unterschied zum Westen hat Zentral- und Osteuropa durch die Phase des Kommunismus und der politischen Verfolgung jedoch eine ganz wesentliche historische Zäsur erfahren. Erst nach dem Zusammenbruch der Sowjetunion konnten sich die heute aktiven Gruppen stärker etablieren und weiterentwickeln.

Das Bedürfnis, die vorchristliche slawische Spiritualität zu rekonstruieren, entwickelte sich in Russland am Beginn der 1990er Jahre. Diese Bewegung war von Beginn an ausgesprochen heterogen,[175] was sich auch im Vergleich zu anderen osteuropäischen neuheidnischen Strömungen zeigt. Denn die Länder des ehemaligen Ostblocks unterscheiden sich hinsichtlich deren Entwicklung, wenngleich für sie alle der Kommunismus und dessen Zugang zu Religiosität von Bedeutung waren. Hinsichtlich der neuheidnischen Entfaltung spielten auch die osteuropäischen Emigrant*innen beispielsweise in den USA eine Rolle, die erst nach der Öffnung der Grenzen wesentlichen Einfluss auf die Ursprungsländer hatten.[176]

Die verschiedenen Strömungen des Neuheidentums in Osteuropa haben ebenso wie ihre Pendants im Westen bisher keine besonders große öffentliche Aufmerksamkeit in ihren jeweiligen Regionen auf sich gezogen.[177] Als Ausnahme könnte man wohl noch Litauen nennen, dessen neuheidnische Szene über einen hohen Bekanntheitsgrad verfügt.[178]

Wie schon angesprochen, zeigt sich eine gewisse Ähnlichkeit zwischen osteuropäischen Neuheidentümern und manchen Zweigen des germanisch konnotierten Neuheidentums. Gedacht als ethnisch basierte Religion spielt der Aspekt des Nationalismus eine große Rolle. Innerhalb des *Rodnoverie* gibt es beispielsweise in Russland konkrete Gruppen, die hinsichtlich ihrer eindeutig rechtsgerichteten Gesinnung auffällig geworden sind.[179] Gleichzeitig existieren zahlreiche andere Gruppierungen und Einzelpersonen, die innerhalb dieser Szene gerade nationalistische oder ultranationalistische Tendenzen durchaus stark kritisieren und stattdessen eher regionale oder universalistische Ideale propagieren.[180] Im russischen Neuheidentum war und ist die Frage nach der Identität und dem Ursprung – kulturell und hinsichtlich einer ethnischen Sichtweise – von großer Bedeutung.[181]

Hier existiert also eine durchaus große Vielfalt, die sich auch im Umgang mit der Frage nach der Authentizität des eigenen spirituellen Tuns und Glaubens ausdrückt. Ein klarer Auftrag zur möglichst korrekten Rekonstruktion steht hier einer Sichtweise gegenüber, die größtmögliche Freiheit bei der Weiterentwicklung alter Traditionen propagiert.[182]

Was die Praxis von *Native Faith* angeht, finden sich Elemente, die wiederum von anderen Neuheidentümern bekannt sind. Die Namen von konkreten Gottheiten wurden aus verschiedenen Quellen entnommen, aus der Folklore und Archäologie bekannte Symbole werden auf unterschiedliche Weise – etwa für Objekte bei Ritualen oder auf der Kleidung – genutzt, und gemeinsam begangene Feierlichkeiten im Jahreslauf spielen eine große Rolle, wie die astronomisch markierten Feste zu Sonnenwenden und Tagundnachtgleichen. Konkrete Beispiele sind etwa das Kupalo-Fest[183] zur Sommersonnenwende und Maslenitsa zur Frühjahrstagundnachtgleiche[184].

Im auffälligen Kontrast zu Wicca und *Druidry* sind die Geschlechterrollen im *Rodnoverie* zumeist höchst klassisch verteilt: Männer werden als Krieger inszeniert, die ideale Rolle für Frauen ist jene der liebenden Mutter und Hausfrau. Trotzdem ist diese grobe Vereinfachung nicht für jede einzelne Gruppe unbedingt strikt gültig; die große Heterogenität der konkreten Ausprägungen innerhalb des Neuheidentums gilt auch für osteuropäische Neuheidentümer allgemein und *Rodnoverie/Native Faith* im Besonderen[185].

Die Kurzzusammenfassungen zu den einzelnen Ländern im nächsten Abschnitt sind trotzdem in drei Gruppen gegliedert: Länder mit überwiegendem Schwerpunkt im Bereich *Native Faith*, baltische Länder und „Andere", in denen sich die neuheidnischen Verhältnisse heterogener als in den Vergleichsländern darstellen[186].

Vorausgeschickt seien bereits hier die wesentlichen Schlussfolgerungen: Das osteuropäische Neuheidentum verfolgt spirituell gesehen ähnliche Zwecke wie die Neuheidentümer des Westens: die (Re-)Konstruktion einer als traditionell wahrgenommenen, angeblich ursprünglichen Religion. Dazu gehört häufig die heftige Ablehnung des Christentums als etwas kulturell gesehen Fremdes.[187] Im Unterschied zu den meisten westlichen Neuheidentümern wie Wicca oder *Druidry* besteht beim osteuropäischen Neuheidentum jedoch eine unübersehbare nationale bzw. sogar ethnische Komponente – es geht nicht nur um die Suche nach der eigenen Spiritualität, sondern auch um die Manifestation der eigenen (ethnischen) Identität. In dieser Hinsicht existieren deutliche Parallelen zum

Neuheidentum germanischer Konnotation. Dies wird dort umso sichtbarer, wo *Native Faith*-Praktizierende nicht nur auf „slawische" Schriftquellen zurückgreifen, sondern auch auf skandinavische/nordische, über die kulturelle Verbindung durch die (wikingerzeitlichen) Rus. Größere Breite erhält die Suche nach kulturellen Wurzeln und Quellen durch eine manchmal sichtbare Gleichsetzung von „Slawen" mit „Nachkommen von Indo-Europäern", von wo es in einigen Fällen gedanklich nicht weit bis zum Postulat eines arischen Ursprungs ist.

Letztlich bleibt ein Bild, das starke Parallelen zu den verschiedenen neuheidnischen Bewegungen im Westen aufweist: ethnische Bezeichnungen, die schwer mit historischen Abläufen in Beziehung zu setzen sind; fragwürdige und lückenhafte Quellen; das Bedürfnis nach der Rekonstruktion einer Tradition, die in diesem Fall nicht nur religiöse, sondern auch stark politische, ethnische und nationalistische Konnotationen aufweist; eine historische Entwicklung, die auf das frühe 20. Jahrhundert (teilweise sogar auf das 19. Jahrhundert) zurückgeht; eine heterogene Szene, gleichfalls innerhalb der einzelnen Länder; laufende Diskussionen um Strukturen und Inhalte, die zeitgemäß und dennoch authentisch und „alt" sein sollten. Deutlich sichtbar ist auch hier das unübersehbare Bedürfnis zahlreicher Menschen, sich durch die Schaffung und Etablierung einer Traditionslinie an eine frühmittelalterliche bzw. prähistorische Vergangenheit anzubinden. Dieses Motiv – der Bezug zur Vergangenheit – eint die Praktizierenden in Zentral- und Osteuropa und darüber hinaus, auch wenn sie sich hinsichtlich ihrer Wünsche und Ziele für Gegenwart und Zukunft deutlich unterscheiden mögen.

Länder mit Schwerpunkt Native Faith

Im Polnischen werden die *Native Faith*-Gemeinschaften als *Rodzimowierstwo* bezeichnet. Wie in anderen Ländern gehen die polnischen Anfänge des Neuheidentums auf die Zeit vor dem Zweiten Weltkrieg zurück, wobei für damals keine Bestrebungen erkennbar sind, größere organisatorische Strukturen zu schaffen.[188] Während des Kommunismus waren zahlreiche Protagonist*innen der neuheidnischen Sache aktiv, aber erst in den 1990er Jahren konnten sich einige Gruppen offiziell registrieren lassen.[189] Viele Praktizierende scheinen zwar keinen großen Bedarf an der Mitgliedschaft in einer der größeren (registrierten) Gruppen zu haben, Fragen nach Gemeinschaft und ethnischer Identität sind dennoch ganz zentral, was es wiederum solitär Praktizierenden schwer macht.[190] Sichtbar ist auch eine deutliche Verbindung zwischen der polnischen Reenactment-Szene und neuheidnischen Gruppen.[191]

Darüber hinaus ist eine neuheidnische Szene aus den Bereichen Wicca, Neo-Schamanismus sowie dem keltischen und germanischen Neuheidentum aktiv.[192]

In der Ukraine gehen erste neuheidnische Aktivitäten zum Zweck der Rekonstruktion einer slawischen Religion auf die 1930er Jahre zurück. Der Begründer, Volodymyr Shaian (1908–1975), erkannte in der ukrainischen Folklore die Bewahrerin des einheimischen (vorchristlichen) Glaubens.[193] Ein weiterer bedeutender Protagonist der frühen Bewegungen war Lev Sylenko (1921–2008), dessen spiritueller Zugang sich insofern unterschied, als er einen monotheistischen Glauben rekonstruierte. Auf Sylenko, der im kanadischen Exil aktiv war, geht die heute noch sehr aktive Gruppierung von *RUNVira* zurück.[194] Erst 1991 wurde die erste *RUNVira*-Organisation in der Ukraine selbst, in Kiew, registriert. Seither sind jedoch auch zahlreiche andere neuheidnische Gruppen entstanden bzw. ist die Zahl der Praktizierenden, die keiner Organisation angehören, gewachsen.[195]

Kupalo-Fest, Russland 2019

Das ukrainische Neuheidentum wird – analog zu jenem der anderen osteuropäischen Länder – als „ethno-nationalist movement" bezeichnet, welche das Christentum als fremde Kraft ansieht, die drohe, ukrainische Kultur zu zerstören.[196] Gleichzeitig scheint gerade aus neuheidnischer Sicht die Vorstellung zu bestehen, dass sich vorchristliche Elemente in der spezifisch ukrainischen Form des Christentums erhalten haben[197], welche besonders unter Forschern des 19. Jahrhunderts populär war. Deren Ziel war die Bestätigung des hohen Alters ihrer Nation, von welcher die angeblichen heidnischen Spuren ihrer Meinung nach Zeugnis ablegten.[198] Dieses (bekannte) Konzept wird gegenwärtig von ukrainischen Neuheid*innen als eine der Grundlagen ihres spirituellen Weltbildes genutzt: „They are convinced that contemporary folklore contains many remnants of ancient Slavic paganism."[199] Auf diese Weise finden christliche Motive Eingang in neuheidnisches Handeln.

Seit der Sowjetzeit, als das Neuheidentum im Geheimen agierte, trägt *Rodnoverie* in Russland stark nationalistische Züge. Praktizierende verfolgten auch nach dem Ende des Kommunismus nicht nur eine religiöse, sondern ebenso eine stark politische Agenda.[200]

Neben dem weit verbreiteten Begriff *Rodnoverie* existieren weitere Bezeichnungen für Gruppen von Praktizierenden, die eine vorchristliche slawische Spiritualität leben möchten, wie beispielsweise *Vedisty*, *Pravoslavy* oder *Starovery*.[201]

Auch in Russland findet sich eine teilweise enge Verbindung zwischen der neuheidnischen und der Reenactment-Szene, welche hauptsächlich frühmittelalterliche slawische oder skandinavische Kultur darstellt.[202] Offenkundig ist die verstärkte Hinwendung zu religiösen Fragestellungen und eine schwindende Bedeutung von politischen Motivationen in weiten Teilen des *Rodnoverie*.

Baltische Länder

Die ersten konkreten Rekonstruktionsversuche einer vorchristlichen Religion in Litauen gehen auf die 1930er Jahre zurück. Noch unter dem Sowjetregime entstanden in den 1970er Jahren verschiedene Bewegungen, denen es im Lichte der politischen Zustände auch um die Bewahrung baltischer Kultur ging. Dies mündete 1992 in die staatliche Anerkennung von *Romuva* als religiöser Gemeinschaft.[203] Die zahlreichen heute existierenden Gruppen werden von sogenannten *Vaidilas* geführt, die als Experten für durchzuführende Riten beispielsweise bei Hochzeiten oder Begräbnissen sowie hinsichtlich der allgemeinen Glaubensinhalte gelten.

An konkreten Referenzen, die zur Rekonstruktion genutzt werden, werden Schriftquellen des 13. und 14. Jahrhunderts zur baltischen Religion und Mythologie genannt sowie jüngere Texte, welche die älteren interpretieren.[204] Zentraler scheint jedoch die Folklore als angeblich wesentliches bewahrendes Element alter Tradition zu sein.[205] Auch archäologische Informationen spielen in den Bereichen Waffen,

Schmuck und Bekleidung eine Rolle.[206] Wenig überraschend liefern jedoch andere Themenkreise die Inhalte, welche bei der Rekonstruktion hilfreicher sind, nämlich vor allem Lieder, aber auch Mythen und Sagen, sogar die Sprache selbst, die als archaisch gilt. Gerade in der Lückenhaftigkeit der Quellenlage wurzelt – wie schon bei anderen Neuheidentümern – der hohe Grad an Individualisierung seitens der Gläubigen bei der Ausdeutung der vorhandenen Informationen zur „traditionellen" Religion und deren praktischer Umsetzung.

Aus spiritueller Sicht unterscheiden sich zahlreiche Glaubensinhalte und Praktiken von *Romuva*[207] nicht von anderen neuheidnischen Strömungen: Die Heiligkeit der gesamten Natur, die Beseeltheit der Natur durch Gottheiten[208] und Ahnen, im Jahreskreislauf (häufig zu astronomisch markierten Zeitpunkten) gemeinschaftlich durchgeführte Riten an typischen Orten in der Natur wie Quellen, Seen, Bäumen oder Steinen, sowie die Abfolge von Ritualen samt Ziehen des Kreises am Beginn, Anrufung der Götter, Darbietung von Opfern, Teilen von Nahrung usw. – all diese Elemente sind hier wieder anzutreffen. Auch wenn die Betonung der Heiligkeit des Landes und die Bewahrung bzw. Rekonstruktion einer als traditionell und echt wahrgenommenen baltischen Kultur bzw. Spiritualität im Zentrum steht[209], scheint der nationale und ethnische Aspekt nicht so stark im Vordergrund zu stehen wie bei manch anderen osteuropäischen neuheidnischen Gruppen.

Die als *Dievturība*[210] bezeichnete neuheidnische Bewegung Lettlands bezweckt ebenso wie *Romuva* in Litauen die Rekonstruktion eines als traditionell für diese konkrete Nation und Ethnie empfundenen religiösen Weges. Die Entwicklung begann Mitte der 1920er Jahre; bereits 1926 erhielt die erste Gemeinschaft die staatliche Anerkennung. Die Bewegung wurde durch die sowjetische Besatzung stark eingeschränkt und verlegte sich ab Mitte der 1940er Jahre weitgehend ins Ausland. Erst ab den 1980er Jahren wurden in Lettland selbst wieder verstärkt Aktivitäten möglich; 1990 kam es zu einer erneuten staatlichen Anerkennung. [211]

Von Beginn an wies *Dievturība* eine stark nationalistische Komponente auf.[212] Auch hier spielt die Folklore eine große Rolle: Lieder werden als wesentliche Quelle nicht nur für die traditionelle Religion betrachtet. Die authentische traditionelle Kultur wäre immer noch lebendig (geblieben), während sie im restlichen Europa in Vergessenheit geraten wäre. Offensichtlich besteht die Vorstellung, zahlreiche Lieder würden ein ausgesprochen hohes Alter aufweisen und sich auch deshalb mit vedischen Hymnen – religiösen hinduistischen Texten – vergleichen lassen, weswegen Teile der lettischen Sozialstrukturen und matriarchale Elemente in den Liedern noch auf die Zeit vor der Ankunft der Indoeuropäer zurückgehen würden.

Eine für die Entwicklung von *Dievturība* wesentliche Person ist ihr Gründer Ernests Brastiņš (1892–1942).[213] Als umtriebiger Autor und Direktor des Latvian War Museum befasste er sich unter anderem mit der Untersuchung von Hunderten von Höhensiedlungen. Die Rekonstruktion der nationalen Religion von Lettland lag weitgehend in der Hand dieses Mannes, dessen maßgeblicher Einfluss bis heute anhält.[214] Dabei sah Brastiņš seine Tätigkeit nicht als Offenbarung oder Prophezeihung durch ihn selbst an, sondern vielmehr als Rettung von religiösen Inhalten vor dem Vergessenwerden durch den Einfluss des Christentums am Beginn des 19. Jahrhunderts.[215]

Dievturība weist ebenso wie *Romuva* einige altbekannte Merkmale auf: etwa Gottheiten[216], gemeinschaftliche Rituale im Jahreslauf an als kulturell bedeutsam erachteten Orten wie Höhensiedlungen oder Megalithen sowie in Wäldern oder bei Quellen[217]. Ethnische Elemente in Ausgestaltung des Ritualortes und der Kleidung haben große Bedeutung. Viele junge Praktizierende scheinen sich mit archäologischem Material und historischen Quellen zu Kleidung, Schmuck und Ornamenten aus vorchristlichen Perioden zu beschäftigen.[218] Obwohl *Dievturība* innerhalb seiner eigenen Entwicklung eine stark konservative Ausrichtung aufweist, scheint auch eine Gegenbewegung zu existieren, in der die individuelle spirituelle Wahrnehmung und Ausgestaltung durch Praktizierende einen hohen Stellenwert genießt.[219]

Andere

In Bulgarien sind sowohl „westliche“ neuheidnische Gruppen (wie Anhänger*innen von *Druidry* und Wicca) als auch solche, die mit der bulgarischen (spirituellen) „Tradition“ verbunden sind, sichtbar.[220] Beispielsweise ist für die Anhänger*innen von *Thraskeia* die thrakische Kultur allgemein und beispielsweise thrakische Heiligtümer von Bedeutung.[221] Eine andere Gruppe versucht wiederum, die Religion der Proto-Bulgaren zu rekonstruieren. In diesem Bereich scheinen unter anderem nationalistische Sichtweisen sowie Vorstellungen hinsichtlich der großen (historischen) Bedeutung der „arischen Rasse“ größeres Gewicht zu haben.[222] *Rodna Viara* ist in Bulgarien im Unterschied zu den anderen osteuropäischen Ländern auf eklektizistische Weise mit „Old proto-Bulgarian and Slavonic“ kombiniert, wodurch die Gemeinschaft der Praktizierenden erweiterbar ist.[223]

Im rumänischen Neuheidentum spielen hinsichtlich einer historischen Anbindung die Kulturen der Daker und Thraker eine gewisse Rolle.[224] Auch hier zeigt sich die enge Verbindung zwischen Neuheidentum und Nationalismus.[225]

Im *„Zalmoxian“ („Dacologist Ethno-Paganism“)* beziehen sich die Anhänger*innen nicht nur auf wissenschaftliche Quellen, sondern vor allem auf eine Mischung diverser (auch moderner) Mythen und Legenden als Basis der Herkunftsthesen ihrer Spiritualität.[226] Die Anfänge der Vorstellung einer „idyllic Dacian past“ lassen sich auf Nicolae Densuşianu (1848–1911) zurückführen, dessen Denken im Gründungsmythos des rumänischen Staates mündete.[227] Elemente der Traditionslinie, die in die ferne Vergangenheit gezogen werden, sind eine vor-indoeuropäische Bevölkerung, deren Nachfahren die Rumänen sind, die Erfindung der Schrift, die Eroberung und Zivilisierung Eurasiens, die Schaffung der ersten monotheistischen Religion (Zalmoxis), die unveränderte Bewahrung[228] der dakischen/thrakischen Kultur während der Römerzeit sowie die Vorstellung einer direkten (kulturellen/ethnischen) Verbindung zwischen Dakern und sogar Goten einerseits und modernen Rumänen andererseits.[229] Der Großteil der Protagonist*innen auf einschlägigen Websites bezeichnet sich nicht als Neuheid*innen und praktiziert auch selten im Rahmen von Ritualen[230] oder dergleichen. Politische und soziale Themen scheinen hier zentraler zu sein als praktisch-religiöse.[231]

Die Entwicklung des ungarischen Neuheidentums hängt eng zusammen mit der historischen Beschäftigung hinsichtlich der ungarischen Sprache und Kultur bzw. ihrer Verwandtschaft mit anderen Sprachen/Kulturen. Auf diesem Sektor kommt es zur Schaffung von abenteuerlichen vermeintlich historischen Traditionslinien, wie etwa der direkten Verwandtschaft der ungarischen Kultur/Ethnie mit den Sumerern oder – in religiöser Hinsicht – mit dem Buddhismus.[232] Die Wahrnehmung des „unterdrückten Eigenen" – zuerst durch das Habsburgerreich und danach durch die Sowjetunion – ist ein wesentlicher Faktor beim Versuch, die heldenhafte Vergangenheit einer Nation samt uralten Traditionen zu rekonstruieren.[233]

In religiös-spiritueller Hinsicht betrachten die modernen neuheidnischen Protagonist*innen den sogenannten Taltós, eine Art religiösen Spezialisten im Sinne eines Schamanen, als (historisch) bedeutsam.[234] Entsprechend ist es aktuell noch seine Aufgabe, sich um die gesamte Nation (auch im ethnischen Sinne) zu kümmern.[235]

In Ungarn existieren einige Bewegungen, die als moderne heidnische Gruppen mit Fokus auf „traditionelle/einheimische" Inhalte und Praktiken zu verstehen sind. Daneben sind auch das keltisch konnotierte Neuheidentum sowie Wicca sichtbar.[236] Außerdem existieren die *Sodalites Mithraica Confessional Church*, welche römische Religion, stoische Philosophie und den Mysterienkult des Mithras mischt, und die *ANKH Church of Eternal Life*, die ausgehend von der ägyptischen religiösen Tradition auch andere spirituelle Elemente einfügt.[237]

Seit 1991 besteht in Armenien eine von Slak Kakosyan (1936–2005) gegründete religiöse Bewegung namens *Arordineri Ukht*.[238]

Megalithe von Zorakarer, Armenien

Inhaltlich geht diese Gründung auf die nationalistische Philosophie Garegin Nazhdehs zurück, zu der auch die Überzeugung, bei den Armeniern würde es sich um ein arisches Volk handeln, gehört. Die Debatte um einen angeblichen Ursprung des Indo-Europäischen in Armenien wurde in das religiöse (nationale) Weltbild der Arordiner integriert.[239] Kritik am Christentum ist entweder umfassend und vollständig ablehnend, indem es mit Blick auf die historische Entwicklung als rein zerstörerisch aufgefasst wird, oder ambivalent, wenn es als Teil des nationalen historischen Erbes akzeptiert wird, in dem vorchristliche Elemente angeblich aufgegangen sind.[240]

Das „heilige Buch" des armenischen Neuheidentums trägt den Namen „Ukhtagirk",[241] in dem Kakosyan teilweise unter Bezugnahme auf die biblische Struktur und armenische Mythen über die armenische Sprache schreibt sowie über die Entstehung der Welt, der Götter[242] und der Menschen, Wertesysteme usw. Das Buch spielt inhaltlich und als Objekt für die Durchführung von Ritualen eine große Rolle. Wie auch bei anderen Neuheidentümern wird der Aspekt der relativ großen Freiheit der Anhänger*innen bei der Kombination von Glaubensvorstellungen und Ritualelementen deutlich. Die Idee einer zyklischen Entfaltung der Welt wird mit konkreten Phasen der historischen Entwicklung unterfüttert, immer vor dem Hintergrund der großen Bedeutung „der Arier“, die von Armenien ausgehend verschiedene Kulturen[243] begründet haben sollen, welche jetzt aber wieder im Niedergang befindlich wären, von dem ausgehend mit einem nicht nur mythologischen, sondern ganz konkreten Aufstieg zu rechnen wäre.[244]

Bestimmte Orte haben große Bedeutung für das armenische Neuheidentum,[245] darunter archäologische Fundstellen wie Garni, dessen Nutzung bis in das dritte vorchristliche Jahrtausend zurückreicht und das vor allem für einen (wieder aufgebauten) graeco-römischen Tempel bekannt ist[246]. Ein weiteres Beispiel ist Mezamor, eine neolithische, bronzezeitliche sowie eisenzeitliche (Siedlungs-) Fundstelle[247], welche traditionell für das Jahresfest der Muttergöttin Anahit (Zatik; Ostern) genutzt wird; Hintergrund ist eine Übersetzung des Ortsnamens mit „Große Mutter“[248]. Die in der Umgebung der armenischen Hauptstadt Jerewan liegenden Fundstellen von Erebuni (urartäische Festung, 8. Jahrhundert v. Chr.) und Schengavit (Siedlung, 4.–2. Jahrtausend v. Chr.) werden ebenfalls genutzt, da sie als älteste Teile von Jerewan eine besondere Bedeutung für armenische Neuheid*innen haben. Diese datieren die Anfänge der historischen Entwicklung von Jerewan für gewöhnlich auf die Zeit vor 20 000 Jahren.[249] Für sie von Bedeutung sind außerdem verschiedene abgelegene Berge sowie die megalithische Fundstelle von Zorakarer, um dessen Interpretation als „armenisches Stonehenge“ es intensive Diskussionen gibt.[250]

Mit dem interessanten Argument, dass die christlichen Feierlichkeiten in Wirklichkeit auf prähistorischen Festen aufbauen bzw. diese übernommen haben, feiern armenische Neuheid*innen einen Teil ihrer Jahreszeitenfeste unter anderen Bezeichnungen parallel zu christlichen Feierlichkeiten, so etwa das bereits erwähnte Ostern (Zatik) oder Christi Himmelfahrt (Hambardzum). Dazu kommen Feste an den Sonnenwenden und Tagundnachtgleichen.[251]

In Tschechien sind mehrere der großen neuheidnischen Bewegungen aktiv: neben dem germanischen und slawischen Neuheidentum auch Wicca[252] sowie das keltische Neuheidentum[253]. Hier scheinen im Unterschied zu zahlreichen anderen Ländern vor den 1990er Jahren so gut wie keine als neuheidnisch zu bezeichnenden Gruppen existiert zu haben, auf die sich die bestehenden Bewegungen hinsichtlich ihrer historisch jüngeren Herkunft beziehen könnten.[254]

Was das slawisch konnotierte Neuheidentum betrifft, scheint der Radhošt bedeutsam zu sein, ein Berg im Osten des Landes, der mit dem slawischen Gott Radegast in enge Beziehung gesetzt wird.[255] *Rodná Víra*, die tschechische Version von *Native Faith*, ist stark auf die (akademische) Beschäftigung mit den Inhalten fokussiert und weniger auf Esoterik.[256]

Antikes Neuheidentum

Griechisches und römisches Neuheidentum

Ein wesentlicher Unterschied zwischen den auf antiken Kulturen basierenden Neuheidentümern und dem besser bekannten keltischen und germanischen Neuheidentum liegt in der Quellenlage. Anhänger*innen von Hellenismos bzw. *greek reconstructionism* und römischem Neuheidentum können auf einen enormen Schatz an Schriftquellen, epigraphischen und archäologischen Quellen zurückgreifen. In ihrem Fall ist die Rekonstruktion ihrer Religion tatsächlich ein vergleichsweise authentisches Wiederbeleben. Immerhin sind nicht nur die Namen von Gottheiten und schwer interpretierbare Grundrisse von Gebäuden bekannt. Ganz im Gegenteil verfügen sie/wir über detailreiche Informationen zu Funktionszuschreibungen der Gottheiten, Tempeln, rituellen Abläufen, priesterlicher Organisation und Hierarchie, Kleidung und Ausstattung. Natürlich gibt es Lücken: Auch die antike Vergangenheit ist nicht für alle Zeiten und Perioden in allen Details bekannt. Aber im Vergleich zur prähistorischen Vergangenheit oder historischen Perioden, in

Poseidontempel am Kap Sounion bei Athen

denen wenige Schriftquellen zur Verfügung stehen – wie beispielsweise dem (nord-)europäischen Frühmittelalter –, lässt sich ein buntes religiöses Bild zeichnen, dem man spirituell gesehen folgen kann, wenn man dies möchte. Diese Buntheit ist aufgrund der langen historischen Entwicklung und geographischen Verbreitung antiker spiritueller Vorstellungen so groß, dass es innerhalb des entsprechenden Neuheidentums wiederum große inhaltliche Unterschiede von Gruppe zu Gruppe geben kann.

Jener Zweig des Neuheidentums, der sich an der griechischen Antike orientiert, wird als Hellenismos, hellenischer Polytheismus oder auch Dodekatheismus bezeichnet. Letzterer Begriff hängt mit zwölf bestimmten historisch überlieferten (olympischen) Gottheiten[257] zusammen. Hier besteht eine Verbindung zur Göttinnenspiritualität bzw. zu allen neuheidnischen Weltbildern, für die (weibliche) Gottheiten eine Rolle spielen, wie natürlich Wicca. Denn die Praktizierenden dieser neuheidnischen Richtungen haben ebenso aufgrund der guten Quellenlage einen Bezug zu antiken Gottheiten. Auch den frühen Autor*innen von *Goddess Spirituality* und Wicca standen relativ leicht zugängliche Informationen zu antiken Göttinnen wie Artemis, Hera, Aphrodite usw. zur Verfügung. Der wesentliche Punkt war hier aber nicht, dass es antike Gottheiten aus einem bestimmten mediterranen Kulturumfeld waren, sondern dass es sich um weibliche Gottheiten handelte. Göttinnenspiritualität und Wicca haben genauso unbekümmert in den antiken Topf gegriffen wie in den „keltischen" oder „germanischen". Hier ging es um Göttinnen und Frauen im Zentrum; die kulturelle Verortung war und ist zweitrangig. Anders zeichnet sich dies für das griechische Neuheidentum: Die ethnische Komponente ist nicht nur im Rückblick auf die antiken Kulturen von Bedeutung, sondern ganz konkret auch für die modernen Praktizierenden.[258] Große Teile dieses seit den 1990er Jahren aktiven neuheidnischen Zweiges der *greek reconstructionist*-Bewegung weisen eine starke nationalistische Komponente auf: Rekonstruiert werden soll eine ursprüngliche Religion einer bestimmten ethnischen Gruppe oder eines bestimmten geographischen Gebietes. *Heritage* (Kulturerbe) und ethnische Identität spielen eine große Rolle.[259] In diesem Punkt wird die Parallele zu einigen Teilen des germanisch konnotierten Neuheidentums und vielen *Native Faith*-Gruppen in Osteuropa offensichtlich. Organisatorisch gibt es wie auch in anderen Neuheidentümern keine für alle Praktizierenden geltende Struktur oder Hierarchie. Das Supreme Council of Ethnic Hellenes, aktiv seit 1997, hat für Griechenland beispielsweise im Jahr 2017 die Anerkennung als Religion durchgesetzt.[260]

Der Zugang zu den umfangreichen Quellen wird auch von den handelnden Personen stark ins Zentrum gerückt, wie beispielsweise auf der Startseite eines österreichischen Zweiges des Hellenismos nachzulesen ist („Khaire – Hellenismos in Österreich").[261] In Griechenland selbst gab es in den letzten Jahren durchaus intensive Kontroversen zwischen Praktizierenden auf der einen Seite und Staat und Orthodoxer Kirche auf der anderen Seite.[262] Konkreter Zankapfel ist dabei – und hier zeigt sich eine direkte Parallele zu druidisch inspirierten Neuheid*innen, die in Stonehenge Rituale durchführen wollen – die Nutzung von antiken Tempeln: So prallen die Interessen der Archäologie, für die solche Orte natürlich in erster Linie als Fundorte und schützenswerte Kulturdenkmale gelten, auf das Interesse von Neuheid*innen, die im Rahmen einer von ihnen so gefühlten Kontinuität heilige Plätze nutzen wollen.

Analog zum griechischen existiert ein römisches Neuheidentum[263], welches sich einer ähnlich guten Quellenlage bei der Religions-Rekonstruktion[264] erfreuen darf. Immerhin stehen nicht nur massenhaft archäologische Hinterlassenschaften in Form von Kleinfunden und Fundorten mit erhaltener Bausubstanz, sondern auch zahlreiche Schriftquellen zur Verfügung.

Movimento Tradizionale Romano[265] oder *Traditional Roman Movement* ist eine der wichtigsten italienischen Gemeinschaften[266] zur Rekonstruktion der altrömischen Religion. In den USA ist *Nova Roma*[267] von vergleichbarer Bedeutung. Die aus den antiken Quellen gut bekannten Gottheiten sind naturgemäß von großer Relevanz, ebenso wie die römischen gesellschaftlichen und politischen Strukturen samt ihren Bezeichnungen sowie der Festkalender im Jahreslauf.

Was den Zugang zu vorhandenen archäologischen Fundstellen angeht, zeigt eine einfache Internet-Bildersuche mit den Begriffen „Nova Roma" oder „Roman Reconstructionism" deutlich, dass originale Fundorte für Zusammenkünfte unterschiedlicher Art genutzt werden. Offensichtlich überlappen sich hier Darstellungen im Sinne des Reenactment mit konkreten spirituellen Handlungen.

Abgesehen von wenigen Nennungen der römischen Form des Rekonstruktionismus in allgemeinen Darstellungen zum Neuheidentum und einigen (auch italienischsprachigen) Wikipedia-Einträgen scheint es aber offensichtlich keine intensive wissenschaftliche Beschäftigung mit diesem Zweig des Neuheidentums zu geben, vor allem nicht innerhalb der Klassischen Archäologie.[268]

Horustempel in Edfu, Ägypten

Das Ankh-Symbol steht für das Weiterleben im Jenseits.

Ägyptisches Neuheidentum (Kemetismus)

Ebenso wie griechisches und römisches Neuheidentum unterscheidet sich das aktuelle ägyptische Neuheidentum, meist Kemetismus genannt, aus altertumswissenschaftlicher Sicht von den anderen bisher besprochenen Gruppierungen vor allem durch den weitaus besseren Quellenstand. Natürlich ist auch die ägyptische Religion nicht lückenlos dokumentiert und rekonstruierbar, vor allem nicht für sämtliche Zeiten und Kulte, aber im Vergleich beispielsweise zum keltischen oder germanischen Neuheidentum können Praktizierende auf einen reichen Schatz an unterschiedlichen Informationen zurückgreifen.

Die Anfänge des ägyptischen Neuheidentums gehen auf die 1970er Jahre und die USA zurück. Von dort verbreitete sich die Strömung erst in den 2000er Jahren und ist heute durch vielfältige Online-Präsenz gut sichtbar. Organisatorisch gibt es vor allem in den USA größere und etablierte Orden/Gruppen, zu denen aber nicht alle Praktizierenden gehören.

Naturgemäß beschäftigt man sich im ägyptischen Neuheidentum intensiv mit den vorhandenen Quellen und somit allgemein mit archäologischen Inhalten.[269]

Literatur über diesen Zweig des Neuheidentums ist im Vergleich zu anderen Bereichen der *Pagan Studies* eher selten; zu nennen ist auch aufgrund des umfassenden Charakters aber eine Publikation von Paul Harrison aus 2018. Darin beschreibt er unter anderem detailliert seine Beschäftigung mit *Kemetic Orthodoxy (House of Netjer)* als einer der sichtbarsten und wohl größten Ausprägungen des (alt-)ägyptischen Neuheidentums. Die Gründerin Tamara Siuda soll 1988 während eines Wicca-Rituals einen Ruf der altägyptischen Gottheiten samt Auftrag erhalten haben, die alten Wege und Werte wiederaufleben zu lassen.[270] Im Unterschied zu vielen anderen neuheidnischen Strömungen weist zumindest dieser Teil des Kemetismus eine deutlich sichtbare hierarchische Struktur auf.[271]

Es gibt aber noch einige weitere neuheidnische Gruppierungen (alt-)ägyptischer Prägung.[272] Beispielsweise geht es der *Reformed Kemetic SIG* (Special Interest Group) des Online-Forums *The Cauldron: A Pagan Forum* um einen respektvollen Umgang mit den altägyptischen religiösen Inhalten, echten Polytheismus (dazu gehört die Ablehnung der für Wicca typischen Sichtweise, „alle Götter sind ein Gott, alle Göttinnen eine Göttin" sowie der dreifachen Göttin als Maiden-Mother-Crone) und um die Ablehnung eklektizistischer Praktiken bei gleichzeitiger Akzeptanz von individueller spiritueller Erfahrung („personal gnosis"); wesentlich sind die historischen Quellen und die akademische Beschäftigung damit. Trotzdem besteht der Anspruch, nicht eine antike Religion wie ein Duplikat zu schaffen, sondern etwas Modernes zu kreieren.[273]

Ein im Internet weniger gut sichtbarer Teil des ägyptischen Neuheidentums/Kemetismus ist *The Temple of Ra* bzw. der *Kemetic Temple of San José*.[274]

Im Zentrum der spirituellen Praxis[275] stehen die aus altägyptischen Quellen bekannten Götter und Göttinnen wie Ra, Thot, Hathor, Isis, Osiris, Horus, Anubis usw. Dabei scheint es verstärkt um die Kommunikation mit der/den Gottheit/en[276] zu gehen, auch (aber nicht nur) zwecks alltäglicher Anliegen; zur Rekonstruktion der Anrufungen werden altägyptische (Text-)Quellen genutzt.[277] Wichtig sind außerdem Symbole, wie beispielsweise das Ankh oder das Horusauge, und unterschiedliche Objekte, nicht zuletzt Statuetten von Gottheiten, Gefäße oder etwa auch Sistren (Instrumente) sowie die Errichtung eines (kleinen) Altars im eigenen Heim samt regelmäßigen Ritualen.[278] Alle diese in spirituellem Zusammenhang genutzten Objekte leiten sich eindeutig von oft ganz konkreten archäologischen Funden ab, die in großer Fülle in Museen oder als Abbildungen in Büchern und online zugänglich sind.

Die häufige (teilweise) Tiergestaltigkeit mancher Gottheiten kann auch mit einer angeblichen Entwicklung der (alt-)ägyptischen Religion aus einer schamanischen Vorgängerreligion bzw. -praxis erklärt werden[279], wodurch schamanische Methoden problemlos in die eigene spirituelle Praxis aufgenommen werden.[280] Chronologisch eher unbekümmert zieht man aber auch weitaus jüngere Schriftquellen aus den ersten nachchristlichen Jahrhunderten zu magischen Praktiken heran.[281] Somit werden insgesamt Quellen aus mehreren Jahrtausenden für die Konstruktion einer konkreten modernen spirituellen Praxis genutzt.

Was die (Selbst-)Zuordnung der unterschiedlichen Gruppierungen angeht, herrscht ebenso wie in allen anderen neuheidnischen Bereichen große Uneinigkeit bzw. Vielfalt der Meinungen. *Kemetic Orthodoxy* stellt sich beispielsweise bewusst außerhalb der neuheidnischen oder *New-Age*-Szene.[282] Außerdem gibt es Debatten zu den Begriffen[283] *reconstruction* und *revival* sowie zum jeweiligen Grad von eklektizistischem Verhalten der eigenen und fremder Gruppen.[284]

Die bisherigen Ausführungen beziehen sich auf ein im späten 20. und frühen 21. Jahrhundert praktiziertes Neuheidentum altägyptischer Färbung. Die vergleichsweise gute Quellenlage zu altägyptischen Glaubensvorstellungen wirkt darüber hinaus seit Beginn auf die Entwicklung jener Geisteshaltungen, die letztendlich zur Entstehung eines facettenreichen Neuheidentums führten, beziehungsweise macht sogar einen wesentlichen Kern der frühen Beschäftigung mit dem Okkulten aus. Freimaurerei, Rosenkreuzertum, Aleister Crowleys *Ordo Templi Orientis*, *The Hermetic Order of the Golden Dawn*, Helena Blavatskys Theosophie: Diese für die Entstehung des heutigen Neuheidentums so grundlegenden Personen, Strukturen und Ideen des 19. Jahrhunderts waren stark von der viktorianischen Begeisterung für den Orient allgemein und (alt-)ägyptische Kultur im Besonderen beeinflusst und griffen aktiv auf die vorhandenen Quellen zurück.[285] Vor allem für Wicca lässt sich diese Beeinflussung auch anhand der Person des Gründers Gerald Gardner und seiner Kontakte sowie Mitgliedschaften gut nachvollziehen. Das mittlerweile vergleichsweise hohe Alter von Wicca – immerhin mehrere Jahrzehnte – begründet wiederum dessen großen Einfluss auf die neuheidnische Szene im Allgemeinen. Es ist also davon auszugehen, dass altägyptische Quellen seit dem 19. Jahrhundert eine entsprechende Wirkung auf die historische Entwicklung und somit auch gegenwärtige alltägliche Praxis des Neuheidentums entfalteten – und das noch immer tun, obschon sich möglicherweise nicht bis in die letzte Einzelheit genau nachvollziehen lassen mag, woran diese festzumachen bzw. nachzuweisen ist.[286] Ein außerhalb des Kemetismus angesiedeltes (älteres) Phänomen, welches sich explizit auf altägyptische Inhalte bezieht, ist die *Fellowship of Isis*, die große inhaltliche Nähe zur Göttinnenspiritualität aufweist.

Neo-Schamanimus

Der Neo-Schamanismus wird an sich selten (schon gar nicht von Praktizierenden) als Teil des Neuheidentums bezeichnet, was unter anderem daran liegt, dass der Schamanismus selbst sich weniger als regelrechte Religion wahrnimmt. Somit geht es weniger um die Etablierung und Aufrechterhaltung eines Glaubens an bestimmte Inhalte oder Dienst an verschiedenen Gottheiten, als um das konkrete persönliche Tun zu einem jeweils bestimmten Zweck und die dadurch gewonnene Information. Eines der zentralen Elemente ist die Erlangung eines veränderten Bewusstseinszustands mit anschließender „schamanischer Reise“ in die sogenannte nichtalltägliche Wirklichkeit.

Bei allen graduellen Unterschieden zwischen Schamanismus und Neuheidentum sind beide Weltbilder und Szenen jedoch sehr eng miteinander verknüpft – wie bereits mehrfach angesprochen, verwenden auch dezidiert neuheidnische Gruppen schamanische Methoden oder berufen sich gezielt auf eine schamanische (prähistorische) Vergangenheit. Dies trifft vor allem, aber nicht nur auf Wicca zu.[287] Aus archäologischer Sicht teilen beide Gruppen ein wesentliches, wenngleich unterschiedlich ausgeprägtes Merkmal: die Berufung auf eine im jeweiligen spirituellen Sinn geprägte Vergangenheit.

Im Neo-Schamanismus wird dieser Rückbezug auf die Vergangenheit auf den ersten Blick nicht im gleichen Maße wie beispielsweise im keltisch konnotierten Neuheidentum deutlich. Im Zentrum steht hier schließlich das eigene zweckgerichtete Tun. Die Rechtfertigung für die spirituelle Richtigkeit des eigenen (religiösen) Denkens und Handelns wird also nicht so sehr aus der Überzeugung abgeleitet, auch „früher“ hätten Menschen schon so gedacht und gehandelt, sondern vielmehr aus der konkreten Erfahrung des Individuums. Dieser Aspekt ist in vielen Strömungen des Neuheidentums von großer Bedeutung, aber der Legitimationsversuch über die Vergangenheit wirkt weitaus stärker als im modernen Schamanismus. Dieser Eindruck mag auch deshalb entstehen, weil der Schamanismus sich deutlicher auf eine andere, ebenfalls sehr wirkmächtige Quelle beziehen kann: rezente oder zumindest historisch sehr junge Kulturen, in denen Schamanismus praktiziert wurde und wird. Dennoch kommen Rückbezüge auf die vor allem europäische prähistorische Vergangenheit in einer Weise und Intensität vor, die es erlauben, aus

archäologischer bzw. altertumswissenschaftlicher Sicht eine nahe Verwandtschaft zwischen Neo-Schamanismus und Neuheidentum zu postulieren.

Die neo-schamanische Szene ist, wie die neuheidnische insgesamt, sehr heterogen. Entstanden ist der Neo-Schamanismus in laufend wachsender Geschwindigkeit seit den 1960er Jahren,[288] wobei die Entwicklung eng mit den jeweils aktuellen wissenschaftlichen Diskussionen verbunden war. Dies liegt auch an den Biografien der wichtigsten Protagonist*innen dieser Entwicklung: Carlos Castaneda, Michael Harner, Joan Halifax, Nevill Drury, Felicitas Goodman und einige andere, die den Neo-Schamanismus durch zahlreiche erfolgreiche Publikationen verbreiteten, stammten ursprünglich aus dem akademischen (ethnologischen) Umfeld. Sie tauschten „irgendwann die Theorie gegen die Praxis" ein und traten „fortan als Vertreterinnen und Vertreter einer neuen Religion auf […], oder jedenfalls einer alten Religion in neuer Deutung"[289]. Entsprechend wurde Carlos Castanedas „Lehren des Don Juan" von 1971 als „die Gründungsurkunde des modernen westlichen Schamanismus" bezeichnet[290].

Schamanismus als Forschungsgegenstand von Religionswissenschaft und Ethnologie ist ein intensiv bearbeitetes Feld. Mircea Eliade (1907–1986) ist diesbezüglich wohl einer der bekanntesten, wenngleich umstrittensten Namen, der auch auf den modernen Neo-Schamanismus maßgeblichen Einfluss ausübt(e).[291] Kocku von Stuckrad identifizierte drei Punkte, die er als maßgeblich in ihrem Einfluss auf den Schamanismusdiskurs des 20. Jahrhunderts einschätzte: „(1) Die Einschätzung des Schamanismus als ‚Ur-Phänomen' ergibt sich aus einer negativen Bewertung der historischen Gegenwart; (2) durch die ekstatische Trance werden dem Schamanen die sakralen Ebenen der Wirklichkeit erneut zugänglich; (3) der Schamanismus wird zur archaischen Religiosität par excellence idealisiert."[292] Besonders der hier gewählte Begriff „Ur-Phänomen" und der Hinweis auf „archaische Religiosität“ spiegelt sich in der neoschamanischen Literatur, in der Schamanismus durchaus als höchst archaisch, uralt und dementsprechend langfristig ausgetestet und wirksam beschrieben wird[293].

Die (wissenschaftliche) Debatte um den Schamanismus beinhaltet auch die Frage nach der geographischen Verbreitung des Phänomens. Eliade dehnte den Begriff, den er ebenso grundsätzlich als sibirisches und zentralasiatisches Phänomen ansah, auf andere Gebiete und Kulturen aus, wenn er dort ähnliche, von ihm sogenannte „Ekstasetechniken“ identifizierte.[294] Dementsprechend besteht im modernen Neo-Schamanismus kein Zweifel an der großen Verbreitung von Kulturen, in denen Schamanismus praktiziert wurde bzw. wird. Nahegelegt wird die Vorstellung einer (ursprünglich) weltweiten, obschon nicht flächendeckenden Verbreitung, auch im Sinne des Überlebens von Resten und in Randregionen eines einstmalig allgemeinen, weil eben ur-menschlichen Phänomens. Der schamanisch arbeitende Mensch nimmt Kontakt auf zu einer transzendenten Welt, um dort Heilung und Wissen zu erwerben. Mit diesem Kontakt gelingt ihm jedoch „die Erlösung aus der Geschichte und die Rückbindung an […] paradiesische[n] Urzustände […]“[295]. Was der Schamane einer alteingesessenen, schamanisch geprägten Kultur hier vollzieht, scheint auch für den modernen Schamanismus teilweise ein Ziel zu sein.

Das „ekstatische Erlebnis“ betrachtet Eliade sogar als „ein Konstitutivum der menschlichen Verfassung“[296] – insofern birgt demnach jeder Mensch heute so etwas wie ein „Schamanismus-Potenzial“[297]. Michael Harner entwickelte den sogenannten Core-Schamanismus[298], dessen Ziel es ist, die Quintessenz[299] des Schamanismus an sich herauszuarbeiten, um ihn damit modern verwendbar zu machen. Man versucht, den universalen Kern der Weltbilder und Methoden, auch der schamanischen Reise, von kulturellen Besonderheiten zu befreien, die vor allem für den westlichen Menschen oder Menschen aus jeweils anderen Kulturen unverständlich wären.[300]

Fundstelle Birka, Schweden

Ein auf diese Weise kulturell nicht mehr verankerter und somit gegenüber schamanisch noch unerfahrenen Personen schlecht zu rechtfertigender Schamanismus benötigt andere Legitimationsmechanismen.

Hier bietet sich die Vergangenheit als (vorläufiger) Anker, ganz nach neuheidnischem Vorbild, gut an. Bevor man sich auf seine erste schamanische Reise begibt, muss man schließlich das Gefühl haben, auf irgendetwas aufbauen zu können, abgesehen vom Vertrauen gegenüber der Seminarleitung.[301] Die Überzeugung, Menschen anderer Kulturen hätten jahrtausendelang weltweit diese oder zumindest ähnliche Rituale vollzogen, hilft möglicherweise über die erste Hürde hinweg, an die Nützlichkeit oder überhaupt Möglichkeit einer erfolgreichen schamanischen Reise oder anderer Methoden zu glauben.

Entsprechend der Legitimationsproblematik finden sich in der modernen schamanischen Literatur Hinweise und Bezüge auf die

Urgeschichte und (angebliche) Belege schamanischer Lebensweise. Wie bereits erwähnt, bewegt sich der Schamanismus hier durchaus nicht nur auf argumentativ dünnem Eis, da auch die archäologische Forschung vor allem für das Paläolithikum (Altsteinzeit) geneigt ist, bestimmte Objekte und Befunde mit schamanischen Praktiken in Verbindung zu bringen. So wurde beispielsweise darüber nachgedacht, ob die Misch- und Fantasiewesen, die von altsteinzeitlichen Höhlenmalereien und aus der Kleinkunst bekannt sind, „maskierte Menschen, Zauberer oder Schamanen“[302] darstellen, oder aber auch echte Mischwesen, deren Interpretation naturgemäß schwierig sei. Die berühmte, liebevoll „Fanny“ genannte anthropomorphe Steinstatuette vom Galgenberg in Niederösterreich wurde nicht nur bezüglich des dargestellten Geschlechts und der konkreten Körperhaltung intensiv diskutiert. Es wurde zudem angedacht, ob die Figur tanzt bzw. sogar eine Trancehaltung einnimmt[303] sowie überlegt, ob hier „Elemente erfaßbar“ sind, „die uns auf frühe Wurzeln des Schamanismus hinweisen“[304]. Paläolithische Geweihmasken wurden ebenfalls in Zusammenhang mit schamanischen Handlungen gestellt.[305] Auch das 1934 entdeckte Grab von Bad Dürrenberg in Sachsen-Anhalt aus dem Mesolithikum, in dem eine Frau sitzend mit einem Säugling zwischen den Oberschenkeln in einer Grabgrube bestattet wurde, und in dem vor allem zahlreiche Tierknochen von verschiedensten Tieren lagen, hat in dem Zusammenhang Bedeutung. Man dachte auch innerhalb der Archäologie an eine rituelle Funktion und interpretierte die Frau im Grab als Schamanin.[306]

Somit verfügt der Schamanismus über eine gewisse inhaltliche Legitimation durch genau jene Wissenschaft, die sich mit der Vergangenheit beschäftigt, auf die er sich bezieht. Dazu kommt ein gewisser argumentativer Vorteil, der sich aus der offensichtlichen allgemeinen Überzeugung ergibt, dass spirituelle Methoden und Weltbilder umso besser bzw. echter sind, je älter sie sind. Was könnte schließlich älter sein als die Religion(en) der Altsteinzeit? Auch das Neuheidentum sucht teilweise über den Schamanismus eine Anbindung an die weiter entfernte Vergangenheit.[307]

Worauf nun bezieht sich die (core-)schamanische Literatur konkret, wenn sie in die Vergangenheit blickt? Beispielsweise wird in den Basisseminaren der *Foundation for Shamanic Studies* gelehrt, dass es sich beim Schamanismus um die älteste Heiltradition der Menschheit handelt.[308] Paul Uccusic, der Begründer des Core-Schamanismus (nach Michael Harner) in Europa, geht in seinem Buch „Der Schamane in uns" nicht besonders intensiv auf diese Frage ein, erwähnt aber den altsteinzeitlichen Schamanismus, den er als belegt voraussetzt.[309] Er zitiert außerdem archäologische Quellen, die durchaus seitens der archäologischen Forschung als Belege für prähistorischen Schamanismus interpretiert werden, wie beispielsweise die berühmte Darstellung einer liegenden Figur aus Lascaux, neben der eine Stange mit Vogel an der Spitze abgebildet ist.[310]

Ähnlich dünn gesät sind die Bezüge zur ferneren Vergangenheit bei Michael Harner. In seinem für den Core-Schamanismus grundlegenden Buch „Der Weg des Schamanen" treten zwei argumentative Elemente auf, die aus archäologisch-historischer Blickrichtung von Interesse sind. Einerseits postuliert er durch die häufige Verwendung von Formulierungen wie „ancient method", „ancient technique" und dergleichen ganz grundsätzlich ein hohes, aber vages Alter des Schamanismus.[311] Dem Schamanismus als funktionierende Methode wird auch mit Blick auf seine nachweisliche Existenz in unterschiedlichsten, geographisch weit voneinander entfernt liegenden, aber rezenten Kulturen ein hohes Alter zugeschrieben.[312] Andererseits bezieht sich Harner an manchen Stellen fast wie nebenbei auf die (neuzeitliche) europäische Geschichte, indem er den Schamanismus als praktizierte und von der Inquisition verfolgte Methode darstellt.[313] An einigen dieser Textstellen wird das Wort „Hexe" auch explizit verwendet. Damit reiht er sich in die Reihe jener ein, die in den Opfern der Hexenverfolgung tatsächliche Praktizierende einer Methode oder eines Glaubens sehen, was aus damaliger Sicht verfolgungswürdig war.

Insgesamt treten bei Harner nur sehr wenige direkte Bezüge auf das postulierte hohe Alter des Schamanismus auf. Sein Buch ist in erster Linie der Vermittlung einer aus seiner Sicht nützlichen Heilmethode gewidmet. Dennoch wird das Funktionieren der Methode auch immer wieder mit dem hohen Alter argumentiert. Die Rückgriffe auf die Vergangenheit und die (angeblich) lange Traditionslinie dienen in diesem Fall wiederum der Rechtfertigung.

Der moderne Schamanismus ist in jüngerer Zeit konkrete kulturelle Verbindungen eingegangen. Ein Beispiel dafür ist in Skandinavien verortet und bezieht sich dabei häufig, wie auch Teile des germanischen Neuheidentums, auf die Edda als wichtige Quelle. Chronologisch bewegt man sich diesbezüglich im Vergleich zum üblichen Anbindungspunkt – der Altsteinzeit – in den wesentlich jüngeren nachchristlichen Perioden des Frühmittelalters. Deshalb verfügt der „nordische Schamanismus" auch über aus den Schriftquellen ableitbare Begriffe, so etwa „Seiðr"[314], eine spezielle schamanische Tradition[315]. Hier wird eine Traditionslinie geschaffen, wie sie vor allem in Wicca immer wieder anzutreffen ist: Es besteht die Vorstellung, prähistorische religiöse Elemente hätten halb offen, halb versteckt die Zeit des Christentums überstanden[316].

Interessanterweise deuten einige Grabbefunde aus dem schwedischen Birka darauf hin, dass man sich auf die hier maßgeblichen Inhalte der Edda tatsächlich verlassen kann. In manchen Fällen wurden Frauen sitzend bestattet, offensichtlich reich ausgestattet und mit einem Stab in der Hand.[317] Dies entspricht recht gut einer Beschreibung aus der Saga Eriks des Roten, jenes Wikingers, der im 10. Jahrhundert n. Chr. Grönland als Siedlungsland entdeckte. Es wird eine Szene geschildert, in der eine Seherin dazu angehalten wird, vor dem versammelten Haushalt eines Hofes in die Zukunft zu blicken. Sie nimmt auf einem Stuhl Platz, hält einen Stab in der Hand und bittet die Anwesenden darum, die *Vardlokkur* – spezielle Lieder – zu singen. Eine Frau erklärt sich dazu bereit, weil sie, obwohl selbst bereits Christin, solche Lieder von ihrer Ziehmutter auf Island gelernt hat. Danach bedankt sich die Seherin und bemerkt, der Gesang habe die Aufmerksamkeit vieler Geister erregt, weswegen sie nun in der Lage sei, ihre seherische Aufgabe für die Anwesenden zu erfüllen. Mit Blick darauf, wie Schamanismus von unserer modernen Welt definiert wird, ist es gerechtfertigt, in dieser Szene eine schamanische Praktik zu sehen. Die Gräber aus Birka unterstützen die Beschreibung, und man wird in den Bestatteten wohl „Seherinnen“ (Völva) nach dem Vorbild der Saga-Beschreibung sehen dürfen. Daraus wird sich nicht ableiten lassen, die frühmittelalterliche skandinavische Spiritualität oder Religion in ihrer Gesamtheit als schamanisch zu bezeichnen.

Odin und sein achtbeiniges Pferd Sleipnir.

EPONA

Themen, Orte und Objekte

Archäologische Inhalte

Aus archäologischer Sicht handelt es sich beim Neuheidentum um einen Bereich der „Alternativen Archäologie“ *(alternative archaeology)*. Hintergrund ist, dass zahlreiche Weltbilder, Religionen und spirituelle Strömungen des *New Age* bzw. der Esoterik archäologisch generierte Inhalte auf alternative Weise nutzen. Natürlich ist das aus neuheidnischer Sicht zu kurz gegriffen oder vielmehr zu einseitig – immerhin geht es in der täglichen Praxis nicht um Archäologie, sondern eben um eine Religion. Jener Bereich, der für Neuheid*innen mit Sicherheit weitaus wesentlicher ist – der spirituelle Aspekt –, ist nicht Gegenstand der Beschäftigung seitens der Archäologie. Um die konkreten Probleme, die Archäolog*innen mit von Neuheid*innen genutzten Interpretationen der Vergangenheit haben, besser zu verstehen, muss an dieser Stelle kurz erläutert werden, wie die Altertumswissenschaften arbeiten.

Der Gegenstand des Erkenntnisinteresses, also der Forschungsgegenstand, ist klar: die Vergangenheit. Im Fall der Ur- und Frühgeschichtsforschung – auch Prähistorische Archäologie genannt – reicht diese Vergangenheit zurück bis zur Entwicklung des anatomisch modernen Menschen und den ersten fassbaren Kulturen. Unter „Kultur“ versteht die Archäologie dabei sowohl die Summe aller Teile, die menschliches (Zusammen-)Leben ausmachen, als auch einzelne Materialgruppen in bestimmten Zeiten. Denn die

Quellen, mit denen die Archäologie arbeitet, sind Dinge – Funde und Befunde[1]. Dies gilt gleichfalls für alle anderen archäologischen Fächer – Klassische Archäologie, Provinzialrömische Archäologie, Vorderasiatische Archäologie und viele mehr. Je nach konkreter Zeitspanne und Kultur, die erforscht wird, stehen den jeweiligen Fächern außerdem Schriftquellen zur Verfügung. So können für die Rekonstruktion des Lebens in einer römischen Provinz neben archäologischen auch schriftliche Quellen herangezogen werden, was das Bild weitaus verständlicher und dichter (manchmal aber auch widersprüchlicher) macht. Weitere Beispiele sind das europäische Mittelalter oder die altägyptischen Kulturen, für welche ebenfalls beide Quellengattungen genutzt werden können.

Umgekehrt ist der Mangel an Schriftquellen in so gut wie der gesamten Urgeschichte exakt der Grund, weshalb die Rekonstruktion so vieler interessanter Facetten des prähistorischen Lebens so schwierig ist: Wirtschaftliche Strukturen, Gesellschaftsgefüge und vor allem religiöse Vorstellungen sind ohne Schriftquellen so gut wie nicht seriös darstellbar, wenn man von Banalitäten absieht. Natürlich gibt es im großen Forschungsfeld der Prähistorischen Archäologie Ausnahmen im Detail. Beispielsweise ist es durch intensive Forschung gelungen, zahlreiche Erkenntnisse über die konkreten Abläufe rund um den Salzabbau im ältesten Bergwerk der Welt in Hallstatt (Oberösterreich) zu gewinnen.[2] Trotzdem bleiben enorme Lücken. Selbst wenn schriftliche Quellen vorhanden wären, könnten sie nicht sämtliche Fragen beantworten.

Somit wird sich die Urgeschichtsforschung auf ewig damit begnügen müssen, nur Varianten formulieren zu können und Ideen, wenn es beispielsweise um den Glauben der Menschen in Steinzeit, Bronzezeit und Eisenzeit geht. Menschen wurden pietätvoll und teilweise aufwendig bestattet – alleine daraus lässt sich ableiten, dass gewisse Glaubensvorstellungen zugrunde lagen. Aber welche das waren, kann niemand aus der Anordnung von Grabbeigaben oder ihrer Zusammenstellung seriös ableiten. Um dies zu verdeutlichen, hilft immer noch das alte Gedankenspiel: Ließe sich das Christentum in all seiner Komplexität, was hierarchische Strukturen, historische Entwicklung und theologische und volksfrömmige Inhalte angeht, aus zahlreichen kreuzförmigen Gebäudegrundrissen, Funden von Kreuzanhängern oder Gräbern ohne Grabbeigaben rekonstruieren? Die Antwort ist wohl ein klares Nein.

Dennoch hat auch die archäologische Forschung immer wieder versucht, Aussagen zu religiösen Vorstellungen unserer Vorfahr*innen zu treffen. Das Thema ist zweifellos interessant, und die fragmentarische Quellenlage verlockt dazu, die Lücken mit Ideen, mit Interpretationen zu füllen – das ist nachgerade die Aufgabe der Archäologie. Wichtig wäre jedoch in diesem Zusammenhang immer die Nutzung des Konjunktivs, denn sehr viele Ideen könnten auch schlichtweg falsch sein.[3]

Sowohl in neuheidnischen Büchern als auch Publikationen anderer Fächer findet sich häufig ein etwas lockerer Umgang mit chronologischen Perioden und ihren Bezeichnungen.

Das ist kein Wunder: In anderen Disziplinen gehören diese Begriffe eben nicht zum täglichen wissenschaftlichen Brot, aber für Archäolog*innen ist der sichere Umgang mit Bezeichnungen und Inhalten prähistorischer und historischer Stufen obligatorisch. Hier immer wieder für Klarheit zu sorgen, ist auch mein Anliegen, weil nur dadurch klar wird, um wieviel holpriger und lückenhafter als von ihren „Erfindern" gerne dargestellt manche neuheidnische Traditionslinien sind. Das Paläolithikum liegt im Vergleich zur Eisenzeit sehr lange zurück, und hier eine Kontinuitätslinie aus der Gegenwart zurückzuziehen – egal zu welchem interpretativen Zweck –, ist ein durchaus gewagtes Unterfangen.

Kulturen ändern sich ohne Unterlass, von Zeit zu Zeit und von Ort zu Ort. Es kann nicht angehen so zu tun, als wäre die Urgeschichte (oder die Antike, oder das Mittelalter) eine einheitliche kulturelle Suppe gewesen. Um dies zu verdeutlichen, hilft auch ein klarer Umgang mit der Frage nach dem jeweiligen „wann" der einzelnen Punkte auf einer Traditionslinie und einer diesbezüglich ebenso klaren

Antwort. Von Neuheid*innen ist das zwar nicht unbedingt zu verlangen, aber die Tatsache, dass sie hier eben archäologisch gesehen „unsauber" arbeiten, vereinfacht die Rezeption ihrer Traditionslinien enorm. Dies gilt nicht zuletzt deshalb, weil den Leser*innen der entsprechenden neuheidnischen Literatur Fragen zur genauen oder zumindest ungefähren chronologischen Einordnung kultureller Phänomene zum Großteil möglicherweise eher egal sind und sie nicht selbstständig nach konkreteren Aussagen suchen.[4]

Der folgende Abschnitt dieses Buches ist wesentlichen Themenbereichen gewidmet, welche im Neuheidentum argumentativ eine Rolle spielen und zu denen die Archäologie jeweils eine (oder mehrere) aktuelle Meinung(en) hat.

„Völker"

Schon die Bezeichnungen „keltisches Neuheidentum", „germanisches Neuheidentum" und ähnliche Wortkombinationen stellen eine Verbindung zu auch innerhalb der Archäologie genutzten Begriffen her. „Die Kelten", „die Germanen", „die Slawen" oder „die Ägypter" sind Gegenstand der Forschung und als typische, gängige Bezeichnungen aus dem populären Mainstream nicht mehr wegzudenken. Es sind vordergründig Namen von „Völkern". Dieses Wort in Anführungszeichen zu setzen, wird nicht nur meinem persönlichen Unbehagen im Umgang damit gerecht, sondern soll vor allem die Schwierigkeit verdeutlichen, den Volksbegriff zu definieren. Letztendlich ist er vor allem für die archäologische Forschung nicht wirklich sinnvoll anwendbar. Denn für alle Definitionen – eine einzelne, allgemein akzeptierte Definition gibt es nicht – wurde jeweils ein breites Bündel an Kriterien ausgewählt, das definierend sein soll für eine Zugehörigkeit zu einem „Volk" bzw. bei Nichterfüllung für das Außerhalbstehen. Letztendlich geht es immer um Schlagworte wie gemeinsame Sprache, Sitten („Kultur"), materielle Kultur oder einen möglichst gemeinsam getragenen Herkunftsmythos. Es liegt in der Natur der Sache, dass Archäologie nichts zur Frage der Sprache oder der ethnischen (Selbst-)Zuordnung der von ihr ausgegrabenen Personen beitragen kann. Aus materieller Kultur alleine – und das ist letztendlich der einzige Bereich einer vergangenen Kultur, mit der Archäologie sich beschäftigt – lassen sich auch bei noch so intensiven Versuchen keine „Völker" rekonstruieren.[5]

Trotzdem werden Begriffe wie „keltisch", „slawisch" und „germanisch" noch verwendet. Im Einzelfall ist nicht immer überprüfbar, ob der oder die archäologisch Tätige damit noch den alten Volksbegriff meint – oder nur eine bestimmte Materialschicht. In letzterem Fall handelt es sich einfach um die schlampige Nutzung eines Begriffs, der innerhalb der Archäologie zwar durchaus nicht unbedingt im Volks-Sinne verstanden werden muss, nach außen aber sicherlich so wirkt. Denn die Öffentlichkeit scheint mit all diesen Volksnamen tatsächlich die Vorstellung von zeiten- und raumübergreifend einheitlich lebenden und denkenden Völkern zu verbinden. Neuheid*innen bauen darauf ihre rekonstruktionistischen Weltbilder auf.

Ein Beispiel soll das verdeutlichen: Eine Neuheidin möchte ein Buch über keltisches Neuheidentum schreiben. Sie bringt dazu nicht nur ihre spirituellen Erfahrungen zu Papier, auch im Sinne von Vorschlägen und Anleitungen von konkreten Ritualen, oder Anregungen, wie neuheidnisches Denken in den Alltag zu integrieren sei. Sie möchte auch eine Einleitung über die (prä-)historische Basis ihres Glaubens verfassen. Um dies einigermaßen ernsthaft tun zu können, greift sie im Versuch, wissenschaftlich zu arbeiten, auf Fachliteratur zurück. Um solche zu finden, muss sie die Titel von Büchern und Artikeln auf Schlagworte hin untersuchen. Vermutlich wird sie in Online-Bibliotheken den Begriff „Kelten" eingeben. Indem Archäolog*innen das Wort „keltisch" vor allem in populär ausgerichteten Publikationen noch viel eher als das eigentlich angemessenere Wort „latènezeitlich" (= jüngereisenzeitlich) verwenden, wird die suchende Neuheidin relativ schnell fündig werden. Ganz egal, welche relativierende Einleitungen ein Buch einer Fachfrau über „die Kelten", das eigentlich der Latènezeit gewidmet ist, enthalten mag – schon alleine aufgrund des Titels wird die Neuheidin das Gefühl haben, alle enthaltenen Themen, Motive und Darstellungen einer prähistorischen Kultur als Basis für die Beschreibung ihres „keltischen Glaubens" heranziehen zu können.

Archäologie und Neuheidentum treffen sich somit vor allem über die Volksbegriffe, die in beiden Gruppen verwendet, jeweils aber unterschiedlich gedeutet werden.

„Kelten"

Alles bisher zur Problematik des Volksbegriffs innerhalb von Archäologie und Neuheidentum Erwähnte trifft nicht nur, aber ganz besonders auf „die Kelten" zu. Wohl auch aufgrund des Postulats der großen Naturverbundenheit – und einer angeblichen besonderen Zuwendung zu Bäumen – handelt es sich bei den Kelten um jene „Ahnen", denen ein wesentlicher Teil der rekonstruierenden Sehnsucht gilt. Aus diesem Grund finden sie nicht nur in Publikationen des keltisch konnotierten Neuheidentums häufige Erwähnung. Sie dienen als impliziter und expliziter Beleg für das hohe Alter des jeweiligen Phänomens oder Neuheidentums.[6]

Wie schon angesprochen, ist die Verwendung von „Kelten" als Volksbegriff jedoch nicht auf neuheidnische oder sonstige populäre Darstellungen beschränkt. Auch innerhalb der Prähistorischen Archäologie wurde der Begriff lange Zeit unwidersprochen in dieser Weise verwendet – und wird es selbst jetzt noch immer, trotz zahlreicher kritischer Beiträge, die seit den 1990er Jahren erschienen sind[7]. Diese kritisierten vor allem die synonyme Verwendung von „latènezeitlich" – eigentlich der Begriff, mit dem eine archäologisch anhand von bestimmten Objekten definierte jüngereisenzeitliche Materialschicht beschrieben wird – mit „keltisch".[8] Alle trugen zu der Erkenntnis bei, dass und wie sich die Verwendung des Begriffs „Kelten" als Volksbegriff in den verschiedenen Wissenschaften etabliert hat, bis innerhalb der Ur- und Frühgeschichtlichen Archäologie der „traditionelle Keltenbegriff“[9] im Sinne eines „der Völker Alteuropas“[10] gang und gäbe war. Naturgemäß illustriert(e) die Prähistorische Archäologie „ihre“ „Kelten“ hauptsächlich anhand einschlägiger Fundgruppen und Fundstellen, griff und greift jedoch auch auf andere Quellen – antike Texte und Bilder, sprach- und religionswissenschaftliche Fragestellungen und Ergebnisse – zurück, wodurch die Vermischung der unterschiedlichen Keltenbegriffe unterstützt wird.

Nicht nur die Verwendung als Volksbegriff verursacht die Problematik innerhalb der Wissenschaft(en). Der Keltenbegriff ist im Laufe seiner Verwendungsgeschichte auf wissenschaftlicher Ebene vielfältige Verbindungen eingegangen – es gibt keltische Münzen, keltische Sprachen, keltische materielle Kultur, keltische Gesellschaft, keltische Religion usw. Diese ursprünglich teilweise durchaus nur für Einzelphänomene gedachten und verwendeten Verbindungen werden durch den immer gleichlautenden Keltenbegriff in der Vorstellungswelt von Forscher*innen und Laien gleichermaßen wie Folien übereinandergelegt, so dass sich letztendlich ein Pseudo-Gesamtbild (ein Volk, eine Kultur) ergibt, obwohl die ursprünglichen Einzelphänomene sich inhaltlich gar nicht zur Deckung bringen lassen. Dies gilt schon allein deshalb, weil die Verbindungen teilweise verschiedenen akademischen Fächern und damit Forschungstraditionen entspringen und damit gar nicht denselben Gegenstand meinen können. So deckt sich beispielsweise das geographische Gebiet, in dem die Linguistik keltische Sprachen gemäß ihrer üblichen Definition verwendet, nicht zwangsläufig mit der Ausbreitung latènezeitlicher Objekte, obwohl auch sie, diesmal allerdings von der Archäologie, „keltisch“ genannt werden. Alles, was in verschiedenen Fächern als „keltisch“ bezeichnet wird, als Einzelausprägungen eines ursprünglich einheitlichen Volkes zu sehen, würde bedeuten, irisches Frühmittelalter mit der Hallstattzeit zu verknüpfen, was die Quellenlage nicht erlaubt. Das Problem ist also auch ein chronologisches. Vor allem ist es das Problem der Verwendung einer gleichlautenden Bezeichnung für zahlreiche verschiedene Inhalte. Gerade die prähistorische Archäologie wäre in der glücklichen Lage, über eine gute Alternative zum Begriff „keltisch" – nämlich „latènezeitlich" – zu verfügen, und in der Tat wird dieser Begriff, der ein bestimmtes Materialspektrum und damit eine bestimmte Periode definiert, auch regelhaft verwendet. Ist man gezwungen, sich mit Journalist*innen über eine Ausgrabung zu unterhalten oder einen Beitrag für ein allgemeines Publikum zu verfassen, lockt aber offensichtlich regelhaft die Verwendung des scheinbar einfacheren, weil auch bekannteren Wortes „keltisch".

Traditionslinien in Büchern des keltisch konnotierten Neuheidentums machen chronologisch häufig nicht in der jüngeren Eisenzeit/Latènezeit halt, also in jener Periode, die seitens der archäologischen Forschung noch am ehesten mit dem Keltenbegriff verknüpft ist. Auch die ältere Eisenzeit (Hallstattzeit/Hallstattkultur) und die spätbronzezeitliche Urnenfelderkultur finden immer wieder Erwähnung. Dies hat ganz klar erkennbare Ursachen: Die Wissenschaft selbst verwendet(e) das Wort „keltisch" ebenso zur Beschreibung dieser beiden Perioden bzw. Kulturen.[11]

„Germanen" und „Slawen"[12]

Analog zum Keltenbegriff ist auch der Germanenbegriff unklar bis gar nicht definiert, und er ist noch dazu aus der jüngeren Geschichte politisch höchst problematisch überfrachtet. Das Wort eignet sich aus meiner Sicht daher nicht für die Bezeichnung von etwas Konkretem, das von Lesenden/Empfangenden eindeutig verstanden werden kann.

Der Begriff „Germanen" ist aus antiken und mittelalterlichen Texten bekannt, bezeichnet aktuell sowohl Sprachen als auch Ethnien und Gebiete, und wird mit archäologischen Kulturerscheinungen und Ethnogeneseprozessen[13] in (vorrömischer) Eisenzeit, Römerzeit, Spätantike, Völkerwanderungsperiode und Frühmittelalter verknüpft. Vermutlich wird er dabei nicht immer bewusst als Volksbegriff genutzt; die Gefahr, dass er in jedem Fall so gelesen wird, ist ebenso wie bei „Kelten" groß.

„Germanen“ oder „germanisch“ bezeichnet somit zahlreiche unterschiedliche Menschen, Dinge und sonstige kulturelle Ausprägungen in unterschiedlichsten Kontexten und Zeiten, die sich nicht alle in Deckung bringen oder stringent miteinander verbinden lassen, nur weil sie gleich heißen. Die Literatur zu diesem Phänomen ist schon in Sprach- und Geschichtswissenschaft sowie Archäologie unüberschaubar. Dazu kommen zahlreiche populäre Darstellungen zu „Germanen“ und die Diskussion der Bedeutung des Begriffs für die nationalsozialistische Ideologie. Die Nutzung des Germanenbegriffs im Neuheidentum ist somit nur eine von zahlreichen Facetten einer äußerst heterogenen Verwendung innerhalb und außerhalb der Wissenschaften.

Das exakt gleiche Problem wirft die Nutzung des Slawenbegriffs auf, der außerdem im Rahmen einer Selbst- und Fremdbezeichnung auch für immer noch lebende Menschen verwendet wird. Slawische Sprache, slawische Archäologie, slawische Völker, slawische Kultur – all diese Begriffe bezeichnen nicht in allen Aspekten etwas Gleichzusetzendes oder auch nur Ähnliches, auf das man sich klar beziehen kann – beispielsweise als Neuheidin auf der Suche nach spiritueller Identität.

Wesentlich ist beim Germanen- und beim Slawenbegriff das Bewusstsein, dass sehr viele verschiedene Aspekte gemeint sein können. Bei der Verwendung verhindert wohl nur eine umfassende Definition größere Missverständnisse.

„Griechen“ und „Römer“

Obwohl die Quellenlage für die Antike weitaus besser als für die europäische Urgeschichte ist, bleiben dennoch zahlreiche Fragen offen. Eine davon ist jene nach der Deutung der häufig als ethnisch aufgefassten Begriffe „Griechen“ und „Römer“. Auch hier handelt es sich jedoch – wie bei „Kelten“, „Germanen“ und „Slawen“ – um moderne Zuschreibungen und Interpretationen, wenngleich die Begriffe selbst aus der Antike stammen. Weder „die Griechen“ noch „die Römer“

haben sich flächendeckend und über jeweils mehrere Jahrhunderte als solche gefühlt. Im griechischen Kulturkreis war die Zugehörigkeit zu einer *polis* (vereinfacht „Stadt“) von großer Bedeutung[14], in der römischen Welt zu einer *gens* (vereinfacht „Familie“, „Sippe“) sowie zu einem politisch definierten Staatsgefüge. Dazu kommt mit der Expansion des römischen Reiches die Integration/Assimilation zahlreicher ursprünglich fremder Kulturen, deren Angehörige im Laufe der Generationen wohl einen Wandel hinsichtlich ihrer gefühlten Zugehörigkeit erlebten. Ob dieser den einzelnen Individuen oder Gruppen bewusst war, lässt sich nur schwer nachvollziehen.[15] Hinzu kommt die auch von anderen Volksbegriff-Debatten bekannte Definition über die Sprache, beispielsweise das Griechische.[16]

Die Nutzung der Begriffe „Griechen“ und „Römer“ als Volksbegriff ist somit ähnlich vereinfachend und problematisch wie die aller anderen genannten Volksbegriffe. Dazu kommt die große geographische und vor allem chronologische Breite der griechischen und römischen Kultur. Das Neuheidentum bezieht sich jedoch nicht wie die altertumskundliche und archäologische Forschung auf konkrete Einzelaspekte, Phasen und Regionen, sondern immer auf die gesamte Bandbreite des Phänomens, also auch auf Aspekte, die nicht zeitgleich oder gleichzeitig am selben Ort praktiziert oder geglaubt wurden.

„Indoeuropäer“ – „Indogermanen“

In einigen neuheidnischen Traditionslinien tauchen die Begriffe „Indoeuropäer“ oder „Indogermanen“ auf. Gemeint ist jeweils dasselbe, wobei letzteres die im deutschsprachigen Raum üblichere Version des Begriffs ist. Im Rahmen der von der neuheidnischen Szene häufig postulierten historischen Entwicklung gelten „die Indoeuropäer“ als eine Art Urvolk, zu dem sich eine Beziehung offenbar lohnt. Im Rückgriff auf die damit verbundene Vergangenheit kann man sich aus neuheidnischer Sicht des hohen Alters der jeweiligen Tradition (in manchen Fällen auch des eigenen Ethnos) vermeintlich gewiss sein.

Aus archäologischer bzw. historischer Sicht ist dies keineswegs der Fall. Denn der Begriff stammt aus der Sprachwissenschaft[17] und bezeichnet eine rekonstruierte Sprache, aus welcher sich ab dem 4. Jahrtausend v. Chr. zahlreiche Sprachfamilien entwickelten. Nicht gemeint ist eine konkrete Volksgruppe, die sich verbreitet hat und von der jüngere „Völker" oder heute noch lebende Gruppen abstammen. Dies ist aber nicht ausreichend deutlich, weil sowohl die Sprachwissenschaft als auch die archäologische Forschung unsachgemäßen Gebrauch von Volksbegriffen mach(t)en und Wanderungs- und Invasionstheorien über viele Jahrzehnte hinweg sehr breiten Raum in ihren Publikationen einräumten.[18] Die vermeintliche Deckung von „Sprache" und „Volk", welches sich wellenartig ausbreitete, um (archäologisch definierte) Kulturen zu bilden (bei gleichzeitiger Auslöschung von Vorgängerkulturen), ist somit über zahlreiche Bücher und Artikel verbreitet und entsprechend von der Öffentlichkeit rezipiert worden.

Mutmaßlich da zur Debatte um die Ausbreitung des Indogermanischen auch verschiedene Etappen wie beispielsweise die Schnurkeramik-Kultur[19] immer wieder genannt werden, finden sich diese Kulturen in einigen Traditionslinien neuheidnischer Publikationen.

Gottheiten

Gottheiten spielen regelhaft eine gewisse Rolle im Neuheidentum. Die Bedeutung variiert allerdings stark je nach konkreter Ausrichtung – beispielsweise sind in Wicca Gottheiten, vor allem die Göttin und ihr göttlicher Gefährte, offensichtlich wesentlicher als im keltischen Neuheidentum. Nachdem ein wichtiger Grundsatz des Neuheidentums die persönliche Freiheit in Glauben und Praxis ist, wird auch hier die Bandbreite der persönlichen Vorstellungen zum Göttlichen allgemein und zu Gottheiten im Besonderen groß sein.

Wo immer Gottheiten genannt werden, in allgemeinen Beschreibungen oder in Anrufungen bei Ritualen, handelt es sich nicht

Gott Odin

einfach um willkürliche Erfindungen. Es wird konkreter Bezug auf die Namen und Funktionen von Gottheiten genommen, die in irgendeiner Quelle überliefert sind. Besonders stark zeigt sich dies im antiken Neuheidentum (ägyptisch, griechisch, römisch), das aufgrund der guten Quellenlage auf eine Vielzahl an Informationen über (alt-)ägyptische, griechische und römische Gottheiten zurückgreifen kann, und dies für die Rekonstruktion auch nutzt.[20] Aber selbst dem keltischen, germanischen und osteuropäischen Neuheidentum sowie Wicca stehen, ebenso wie der Wissenschaft, epigraphische, archäologische und schriftliche Quellen zur Verfügung, aus denen sich zumindest Namen und vage Vorstellungen zu möglichen Funktionen ableiten lassen. Problematisch sind hierbei aber vermeintlich allgemeingültige Aussagen wie „Die Kelten beteten Epona an“, wenn sie nicht durch einschränkende Zusätze zur jeweiligen chronologischen und geographischen Situation erklärt werden. Denn wenn unter „die Kelten" die Bevölkerung Europas über mehrere Jahrhunderte hinweg gemeint ist, und damit ist für neuheidnische Autor*innen zu rechnen, stimmt diese Aussage nicht mehr.

Nachweise von Gottheiten samt Funktionen gelten üblicherweise nur für kleine Gebiete und überschaubare Zeiträume. Eine – geographisch und zeitlich – darüber hinausreichende Verehrung von Gottheiten unter dem gleichen Namen und mit gleichen Funktionszuschreibungen ist möglich, jedoch nicht sicher. Man muss mit Veränderungen im Laufe der Zeit und von Gebiet zu Gebiet rechnen, weswegen Pauschalaussagen eigentlich zu vermeiden wären. Für die neuheidnische Praxis mag dies aber nicht von Bedeutung sein. Eventuell ist der Nachweis der Verehrung einer bestimmten Gottheit zumindest zu einem bestimmten Zeitpunkt in einem bestimmten Gebiet für die Szene oder einzelne Mitglieder durchaus ausreichend, um sich darauf beziehen zu können. Die neuheidnische Literatur hinterlässt nicht den Eindruck einer diesbezüglich differenzierten Sichtweise.

Exemplarisch für die Problematik der Quellenlage zu prähistorischen Gottheiten soll genauer auf die sehr häufig genannten keltischen Gottheiten eingegangen werden.[21] Für sie stehen durchaus eine Fülle unterschiedlicher Quellengattungen zur Verfügung: epigraphische und bildliche Quellen aus dem gallorömischen Bereich[22] und dem römischen Britannien, dazu antike und (früh-)mittelalterliche Texte, letztere in erster Linie aus Irland und Wales.

Die Ergebnisse der einzelnen Quellen lassen sich nicht als beschreibende Teile einer einheitlich vorgestellten mythologischen Welt lesen. Die genannten Gebiete Westeuropas verfügten nicht über ein und dasselbe religiöse System[23], das sich noch dazu auf Mitteleuropa und darüber hinaus übertragen lassen würde. Was Namen, Erscheinungsbild, Attribute und – davon abgeleitet – Funktionen angeht, sind einzelne Gottheiten durchaus rekonstruierbar, mit jeweils unterschiedlicher Genauigkeit. Die Rekonstruktion eines mehr oder weniger einheitlichen Pantheons nach griechisch-römischem Vorbild ist dadurch jedoch nicht möglich.[24] Nachdem die meisten Nachweise nicht-römischer Gottheiten aus römischer Zeit stammen, in der sie im Rahmen der Interpretatio Romana außerdem römische Namen erhielten und eventuell sogar inhaltlich verändert wurden,[25] fällt es schwer, ihre Verehrung weiter zurück in die Vergangenheit zu verfolgen und zu belegen.[26] Ebenso unklar ist, ob sie in vorchristlicher Zeit bekannt waren und irgendeine Bedeutung hatten. Ein Großteil der Göttinnen und Götter scheint eher lokal und regional gebunden gewesen zu sein, denn viele sind nur ein einziges Mal bzw. nur in einer Region belegt.[27] Finden sich Inschriften von Gottheiten an Orten, an denen sie üblicherweise gar nicht verehrt wurden, wurden sie zumeist von Personen gestiftet, die ursprünglich aus der Heimatregion der Gottheit stammten.

Zu den keltischen Göttinnen, die besonders häufig in neuheidnischen Publikationen genannt werden, zählen etwa Brigid, Epona, Arianrhod, Danu, Morrigan, Rhiannon und Rosmerta.[28] Die Abgrenzung von „Göttin“ und „mythologischer Figur“ ist nicht immer ganz leicht, für neuheidnische Autor*innen jedoch ein weniger großes Problem. Die Karriere der Cerridwen ist in dieser Hinsicht ein eindrückliches Beispiel: An sich ist sie eine Hexe oder Zauberin, die in einer walisischen Sage für ihren Sohn einen magischen Trank rührt, der Weisheit verleihen soll. Sie nutzt dabei einen Kessel, was ihr wohl für immer eine enge Verbindung mit dieser Art Gefäß eingetragen hat.[29] In der Sage bleibt dem Sohn die Weisheit versagt, weil ein Diener irrtümlicherweise die magischen Tropfen schluckt. Cerridwen, außer sich vor Zorn, jagt den Diener mit der Absicht, ihn zu vernichten. Beide vollziehen einige Gestaltwandlungen, bis der Diener zuletzt ein Weizenkorn wird, das Cerridwen in Gestalt einer Henne verschluckt und zu gegebener Zeit als Taliesin (britischer Barde) zur Welt bringt.[30] Dieser sollte einer der berühmtesten Dichter der britischen Inseln werden. Vor dem 9. nachchristlichen

Jahrhundert ist diese Sage nicht belegt[31], und darüber hinaus gibt es keine älteren Nachweise, auch keine Inschriften oder bildlichen Darstellungen der Cerridwen[32]. Ihre häufige Nennung und große Bedeutung im Neuheidentum hängt also nicht mit der bescheidenen Quellenlage, sondern vielmehr mit der Aufmerksamkeit zusammen, die ihr durch die frühen Autor*innen des entstehenden Neuheidentums im 20. Jahrhundert zuteil wurde. An erster Stelle ist Robert (Ranke) Graves zu nennen, der Cerridwen in seinem einflussreichen Buch „The White Goddess" als Avatar derselben interpretierte.[33] Vor allem für Wicca ist Cerridwen als Archetyp der *Crone*, der alten Frau, von großer Bedeutung.[34]

Ein weiteres Beispiel für die Ungewissheit, ob es sich bei einer namentlich bekannten Figur um eine Gottheit handelte, ist Brigid. Sie ist nicht zuletzt deshalb hier wesentlich, weil sie von neuheidnischer Seite immer dann genannt wird, wenn es darum geht, das Christentum der Übernahme heidnischer Elemente anzuklagen.[35] Konkret lautet der Vorwurf, heidnische Gottheiten wären ohne viel Federlesens zu Heiligen umfunktioniert worden, was man besonders deutlich am Beispiel der Göttin Brigid erkennen könne. Es ist mir noch nicht gelungen, auch nur ein einziges weiteres Beispiel in der neuheidnischen Literatur zu finden. Die Diskussion um angebliche vorchristliche göttliche Vorbilder der heiligen Brigit (oder Brigid, Bridget) von Kildare (Irland; Festtag: 1. Februar) wird durchaus kritisch geführt, denn ein und derselbe Name muss sich nicht auf dieselbe Gestalt beziehen; und nur weil die Verehrung der heiligen Brigit von der frühen Kirche gefördert wurde, lässt sich dadurch nicht zwangsläufig auf vorchristliche Ursprünge schließen.[36] Wie auch immer die Quellenlage zur angeblichen Göttin Brigid aussieht: Im Neuheidentum wird sie als Göttin der Fruchtbarkeit, des Überflusses und des neuheidnischen Festes Imbolc, das am 1. Februar gefeiert wird, verehrt.[37]

Im Zentrum des Wicca-Glaubens stehen die Göttin und der Gott an ihrer Seite, die in Ritualen von Priesterin und Priester verkörpert werden. Die Göttin stellt in ihren drei Aspekten – *Maiden, Mother, Crone* – den Zyklus im Leben einer Frau sowie den jahreszeitlichen Ablauf dar. Dieses im modernen Wicca so wichtige Element wurde sogar als Geschenk (im Sinne von Erbe) von Robert (Ranke) Graves bezeichnet.[38] Eine wesentliche Figur in dieser Entstehungsgeschichte ist die bereits mehrfach angesprochene Ägyptologin Margaret Murray. Sie publizierte in den 1920er und 1930er Jahren mit „The Witch Cult" und „The God of the Witches" zwei einflussreiche Publikationen. In beiden postuliert sie das Überleben von Resten einer prähistorischen Hexenreligion in der modernen europäischen Welt. Sie beschreibt den Gott der Hexen als sexuelles Wesen, und die Hexenreligion als lebensbejahende, freudige Lebensweise.[39] Murray sammelte diverse unterschiedliche Quellen zu gehörnten Göttern, allen voran Pan, und interpretierte sie als ihren Gott der Hexen. Die wissenschaftliche Welt kritisierte sie für dieses Vorgehen, aber für Neuheid*innen haben Teile dieses Konzepts nach wie vor Bedeutung.

Heute ist der häufigste Name des Gehörnten Gottes Cernunnos. Nachdem die gehörnte Figur auf dem Kessel von Gundestrup häufig auch innerhalb der Fachliteratur als Cernunnos bezeichnet wird, erlangte dieses Objekt samt seinen szenischen Darstellungen große Bedeutung für Autor*innen neuheidnischer Bücher. Auch aus archäologischer Sicht handelt es sich um ein wichtiges prähistorisches Zeugnis. Der große, aus getriebenen Silberplatten bestehende Kessel weist zahlreiche szenische und figürliche Darstellungen auf, die in der an Bildquellen eher armen europäischen Urgeschichte zweifelsohne sehr auffällig und besonders sind. Laut aktuellem Forschungsstand stammt der Kessel aus der späten Latènezeit und wurde vermutlich nicht an seinem Auffindungsort in Dänemark fabriziert. Die Herstellungsregion wird noch immer intensiv diskutiert und je nach Fachmeinung in Ost-, West- und Nordeuropa vermutet.[40] Dass es sich bei den dargestellten Szenen und Personen um Gottheiten und Mythologisches handeln könnte, wird auch von der Fachwelt weitgehend unbestritten angenommen. Ob eine Verbindung mit dem

„Keltischen", und entsprechend mit weitaus jüngeren irisch-walisischen Sagen, so ohne Weiteres legitim ist, wird wohl weiter zur Debatte stehen.

Jahreskreisfeste

Häufig stehen im Neuheidentum acht Jahreskreisfeste auf dem Programm. Nicht alle Neuheid*innen zelebrieren aber die gleichen Feste – vor allem die Feierlichkeiten im neogermanischen und osteuropäischen Neuheidentum unterscheiden sich hier von den besser bekannten Jahreskreisfesten in Wicca und Neodruidentum.[41] Oft werden auch nur unterschiedliche Namen für die gleichen Termine verwendet.

Inhaltlich geht es im Grunde um das Feiern und Bewusstmachen der jahreszeitlichen Veränderungen in der Natur. Vier der bekannteren acht Feste finden an den Sonnenwenden und Tagundnachtgleichen statt, sind also astronomisch markiert. In der neuheidnischen Literatur werden sie häufig nur auf diese Weise bezeichnet – Sonnenwenden und Äquinoktien (*Solstices* und *Equinoxes* im Englischen).[42] Im keltischen Neuheidentum werden jedoch außerdem konkrete Bezeichnungen verwendet: Alban Arthan (Wintersonnenwende), Alban Eiler (Frühjahrstagundnachtgleiche), Alban Hefin (Sommersonnenwende) und Alban Elfed (Herbsttagundnachtgleiche).[43] Es scheint keinen Zweifel zu geben, aus welcher Quelle diese Bezeichnungen stammen:[44] Der selbsternannte Barde Iolo Morganwg (eigentlich Edward Williams, 1747–1826) schuf zahlreiche Texte, die lange als echte Überlieferung antiker Druidenlehre über die mittelalterlichen Barden bis in die Neuzeit angesehen wurden, jedoch höchstwahrscheinlich allesamt als Fälschungen anzusehen sind. Hierzu gibt es neuere Studien, deren Anliegen eine differenzierte Sichtweise zu dieser Fragestellung ist.[45] Zweifellos baute Morganwg jedoch nicht auf eisenzeitlichen oder antiken Quellen auf. Wie stark das Bewusstsein über diese Tatsache in der wissenschaftlichen Welt

Eine der Varianten von neuheidnischen Jahreskreisfesten

auch immer sein mag: Seine Texte fanden weite Verbreitung und beeinflussten die neuheidnische Entwicklung maßgeblich. Dementsprechend werden die astronomisch markierten Jahreszeitenfeste von vielen Neuheid*innen noch immer Alban Arthan, Alban Eiler, Alban Hefin und Alban Elfed genannt. Im germanischen Neuheidentum und teilweise in Wicca finden sich außerdem die Bezeichnungen „Julfest" („Yule") für die Wintersonnenwende[46], „Ostara" bzw. „Eostre" für die Frühlingstagundnachtgleiche[47], „Litha" für die Sommersonnenwende[48], „Mabon" oder „Madron" für die Herbsttagundnachtgleiche[49] bzw. ganz einfach „Mittsommer" für die Sommersonnenwende und „Erntedank" für die Herbsttagundnachtgleiche[50].

Die anderen vier Feste beziehen sich auf einen angeblich keltischen Ursprung – Imbolc (1. Februar), Beltane/Beltaine (1. Mai), Lughnasadh/Lammas (1. August) und Samhain (1. November).[51] Ihre Bezeichnungen und die (ungefähren) Daten, an denen sie abgehalten werden, sind zumindest aus frühmittelalterlichen irischen Quellen überliefert.[52] Ihre konkreten Inhalte lassen sich jedoch nur äußerst ungenau rekonstruieren, scheinen sich aber großteils aus Veränderungen in der Natur und jahreszeitspezifischen Arbeitsprozessen abzuleiten. So scheint Beltane eine starke Verbindung zum Vieh, das auf die Sommerweiden getrieben wird, aufzuweisen.[53] Samhain wiederum wird häufig in irischen Mythen genannt, als Kontakt-Zeitpunkt der diesseitigen und jenseitigen Welt am Beginn der dunkleren Jahreszeit[54], was in der neuheidnischen Literatur häufig aufgegriffen wird[55]. Vollzogen wird auch der gedankliche Schritt zu einer nicht nur zeitlichen, sondern gleichsam inhaltlichen Anbindung an das christliche Allerheiligen-/Allerseelen-Fest, in dessen Zentrum das Totengedenken steht[56], sowie in weiterer Folge an Halloween[57].

Da sich die Inhalte dieser Feste schon für das frühmittelalterliche Irland, für das sie zumindest namentlich belegt sind, nicht wirklich rekonstruieren lassen, können sie weder bezüglich ihrer Existenz noch ihrer Termine und Inhalte für vorchristliche Perioden, ganz gleich in welchen europäischen Regionen, als belegt gelten. Die (moderne) Bezeichnung dieser Feste als „keltisch" verleitet jedoch zur Vorstellung, sie wären überall dort gefeiert worden, wo angeblich keltische Kultur vorgeherrscht hatte. In weiterer Folge wird dadurch die neuheidnische Pflege dieser Feste im Sinne einer echten Tradition in diesen Gebieten gerechtfertigt. Dies gilt zwar hauptsächlich für das keltische Neuheidentum, doch auch in Wicca werden die vier „keltischen" Jahreszeitenfeste gefeiert und wie oben genannt bezeichnet.[58]

Häufig wird auf die kalendarische Verbindung zu auch heute noch bekannten christlichen Festtagen bzw. allgemein bekannten Bezeichnungen hingewiesen: Imbolc – 1. Februar – Lichtmess[59]; Beltane – 1. Mai – Walpurgisnacht[60]; Samhain – 1. November – Allerheiligen (und neuerdings auch in Europa verstärkt Halloween[61]). Dies wird im Allgemeinen als Beleg für das hohe Alter dieser Feste gesehen: Nur Feste, die es in Vorgängerreligionen noch gegeben hat, als die Kirche sich etablierte, konnten auch in den christlichen Kalender übernommen werden. Neuheid*innen sehen in diesem angeblichen Nachweis für vorchristliche Feste der späten Urgeschichte oder des Frühmittelalters die Rechtfertigung für die Behauptung, auch die Menschen in vielen anderen Phasen oder der gesamten Urgeschichte hätten sie gefeiert.

Auch im slawischen bzw. osteuropäischen Neuheidentum, welches sich in vielen Aspekten von den bekannteren westlichen Neuheidentümern unterscheidet, ist die Abhaltung von Jahreszeitenfesten üblich. Bezeichnungen dafür sind unter anderem „Gromniczne“ für den Zeitpunkt um Lichtmeß, „Kupala“ (poln.) bzw. „Kupalo“ (russ.) für die Sommersonnenwende[62], und „Svarog's Holiday“ für die Herbsttagundnachtgleiche sowie „Kolada“ („Koljada“) für die Wintersonnenwende[63]. „Maslenitsa“[64], das russische Schlemmerfest vor dem Fasten im Frühling (Ende März, zeitlich der Frühjahrstagundnachtgleiche nahestehend), spielt auch im Neuheidentum eine Rolle (Ähnlichkeit zu Ostern) bzw. wird als Relikt einer heidnischen Vergangenheit betrachtet[65]. Darüber hinaus gibt es im slawischen Neuheidentum zahlreiche kleinere und größere Feste im Jahreslauf, die sich zum Teil auf mythologische oder auch (heidnische) historische Figuren beziehen, wie bereits im Kapitel über das sehr heterogene osteuropäische Neuheidentum dargelegt wurde.[66]

Die Argumentationslinie für die astronomisch markierten Feste (Sonnenwenden und Tagundnachtgleichen) ist naturgemäß – auch für Neuheid*innen – weitaus einfacher. Niemand stellt die Fähigkeit der prähistorischen Menschen, ganz gleich welcher Zeitstufe, diese Zeitpunkte im Jahreslauf feststellen zu können, in Frage. Dementsprechend fällt es leicht, sich Feste zu diesen Terminen vorzustellen. Ob sie tatsächlich abgehalten wurden und welche Bedeutung sie ganz konkret hatten, wird mangels Quellen nicht rekonstruierbar sein.

Unabhängig von genauen Bezeichnungen, Daten und Inhalten der Jahreszeitenfeste stehen für den Großteil der neuheidnischen Welt zwei Dinge im Mittelpunkt: die jährliche Wiederholung und die gedankliche Anbindung an eine heidnische Vergangenheit, die angeblich ebenfalls solche oder zumindest sehr ähnliche Feste im Jahreslauf pflegte, und durchaus zu ungefähr diesen Terminen. Mit der regelmäßigen Abhaltung dieser Feste stellen sich Neuheid*innen sehr bewusst in eine Traditionslinie, deren anderes Ende, aus ihrer Sicht, weit in der prähistorischen Vergangenheit verankert ist.

Wie mehrfach betont, muss dem aus wissenschaftlicher Sicht die Quellenlage entgegengehalten werden: Aus den nur sehr wenigen schriftlichen Hinterlassenschaften, die darüber hinaus nicht von den hier interessierenden Menschen („Völkern“) selbst – und häufig aus sehr späten Zeiträumen – stammen, lassen sich keine europaweiten Jahreszeitenfeste im oben beschriebenen Sinn ableiten. Man muss sich mit der sehr allgemeinen Formulierung begnügen, Menschen der Urgeschichte haben wohl Feste gefeiert, eventuell sogar an astronomisch deutlich markierten Daten wie den Sonnenwenden. Beweisen lässt sich dies jedoch nicht.

Verfolgt man die Diskussionen in neuheidnischen Internetforen[67], zeigt sich die große Bandbreite der Auffassungen unter Neuheid*innen zu diesem Thema. Neben der häufig vorgebrachten Überzeugung, Feste samt Bezeichnungen, Daten und Inhalten aus der Urgeschichte ableiten zu können, findet sich durchaus ebenso die gegenteilige Ansicht, die auch von der wissenschaftlichen Community geteilt wird: dass wir schlichtweg nicht wissen, wie die Menschen der Urgeschichte ihren Festkalender gestaltet haben. Dementsprechend darf bei der neuheidnischen Rekonstruktion zwar große Freiheit herrschen, dies sollte aber nicht mit laufenden Hinweisen auf angebliche Belege garniert werden.

Abschließend soll beispielhaft an dieser Stelle – in aller Kürze und ergänzend – der Kalender von Coligny vorgestellt werden, der in einigen keltisch konnotierten neuheidnischen Publikationen als

Referenzpunkt und Quelle genannt wird. Dabei wird er häufig als „typisch keltisches" Objekt beschrieben, und die daraus angeblich zu gewinnenden Erkenntnisse werden auf die gesamte „keltische" Kultur in ihrer durch die neuheidnischen Autor*innen vorgestellten geographischen und chronologischen Ausdehnung übertragen.

Beim Kalender von Coligny[68] handelt es sich um einen in gallischer Sprache verfassten Kalender. Die nur noch in Bruchstücken erhaltene Bronzeplatte wurde im 1. oder 2. Jahrhundert n. Chr. hergestellt. Sie stellt einen Zeitraum von fünf Jahren zu je 12 Monaten dar, wobei die Namen der Monate genannt werden. Es bleibt eine offene Frage, inwieweit diese kalendarische Gliederung auf andere, frühere Perioden und weiter entfernte Gebiete angewandt werden kann. Eine Übertragung auf die gesamte Latènezeit oder gar die ganze Eisenzeit und ganz (West-)Europa gilt allerdings als unzulässig.

Keltischer Baumkreis

Seit vielen Jahren genießt der sogenannte keltische Baumkreis[69] als Baumhoroskop beziehungsweise Baumkalender große Beliebtheit im Buchhandel und im Internet. Grob zusammengefasst geht es dabei um die Vorstellung, die Kelten hätten passend zum angeblich engen Bezug zu Bäumen einige Baumarten besonders geschätzt, welche nun im Sinne eines Geburtshoroskops einzelnen Individuen zuzuordnen wären. Menschen, die beispielsweise am Tag der Herbsttagundnachtgleiche – 23. September – geboren sind, hätten demzufolge (in manchen Versionen des Horoskops) eine enge Bindung an den Olivenbaum. An diesem Beispiel zeigt sich bereits ein leicht auszumachender Widerspruch: Der Olivenbaum wächst gar nicht dort, wo man „die Kelten" üblicherweise ansiedelt – nämlich nördlich der Alpen. Außerdem erlaubt die mangelhafte Quellensituation insgesamt keineswegs solche detailreichen Interpretationen wie auf bestimmten Bäumen basierende genaue Wesenszuschreibungen.

Im Fall des keltischen Baumhoroskops ist es jedoch gar nicht notwendig, umfassend auf all die Gründe hinzuweisen, warum es sich dabei nicht um authentische Vorstellungen aus der Urgeschichte handeln kann. Es steht nämlich zweifelsfrei fest, dass das keltische Baumhoroskop eine Erfindung aus den 1970er Jahren ist: Paula Delsol konstruierte es für die Zeitschrift „Marie Claire"; im Übrigen parallel zu anderen Horoskopen, wie beispielsweise einem „indianischen". Auf dieser Basis schrieb Annemarie Mütsch-Engel 1984 das Buch „Bäume lügen nicht. Das keltische Horoskop" und setzte damit jenen Prozess in Gang, der letztendlich das keltische Baumhoroskop im deutschsprachigen Raum enorm populär machte.

Als zweite moderne Quelle für den keltischen Baumkreis ist „Die weiße Göttin" von Robert (Ranke) Graves von großer Bedeutung, da er den Versuch unternahm, eine enge Verbindung zwischen Ogham-Zeichen[70] und einzelnen Bäumen herzustellen. Sein Ziel war die Rekonstruktion eines keltischen Baumkalenders.

Mittlerweile wurden bereits zahlreiche „keltische" Baumkreise an unterschiedlichsten öffentlichen und privaten Orten gepflanzt.

Trotz der eindeutig belegbaren und historisch sehr jungen Entstehungsgeschichte des Baumkreises – und folglich auch des Baumkreishoroskops und des Baumkreiskalenders – hat er sich wohl unwiderruflich innerhalb und außerhalb der neuheidnischen Szene als angeblich keltisches Phänomen auf vielfache Weise manifestiert.

Fundorte – Kraftorte

Archäologie und Neuheidentum haben vor allem dort einen konkreten Überschneidungs-, Begegnungs- und Konfliktbereich, wo es um Fundorte geht. Nichts weniger als die Frage nach dem Recht auf Nutzung und Deutung steht dabei im Raum. Die lange Zeit unbestrittene wissenschaftliche Hoheit über beides wird bekämpft, was – vor allem dann, wenn es nur um die Deutung geht – vollkommen legitim ist. Jeder Mensch soll über die Freiheit verfügen, Stonehenge

Lebensbaumkreis „Am Himmel", Wien

so zu interpretieren, wie er oder sie dies möchte.[71] Kontroverser wird die Debatte, wenn es um die aktuelle Nutzung geht: Soll modernen Druiden die Erlaubnis erteilt werden, zur Sommersonnenwende zwischen den Steinen von Stonehenge ein Feuer anzuzünden? Sollen *Native Faith*-Praktizierende an ihren heiligen Stätten, die auch archäologische Fundorte sind, sakralen Müll vergraben dürfen? Ist eine religiöse Feier von Hellenismos-Anhängern im Parthenon von Athen eine legitime Nutzung eines Kultortes oder die unsachgemäße Verwendung einer Welterbestätte? Spirituelle Bedürfnisse und Denkmalschutz können einander unterstützen, sich jedoch auch nachhaltig in die Quere kommen.

Eine jahrzehntelange Kontroverse um die Nutzungsrechte betrifft Stonehenge. Sie entbrennt jährlich zum Zeitpunkt der Sommersonnenwende Ende Juni, wenn Tausende die Welterbestätte für rituelle Zwecke nutzen möchten. Dies wurde häufig erlaubt, oft aber auch behördlich untersagt, was zu gewaltsamen Zusammenstößen mit der Polizei führte.[72] Unter anderem listen Jenny Blain und Robert Wallis zahlreiche zerstörerische Aktionen an prähistorischen

(Megalith-)Fundstellen in Großbritannien auf, im Zuge derer Steine beispielsweise bemalt oder zerbrochen wurden.[73] Ihre jahrelangen Analysen haben allerdings auch sehr fruchtbare Kooperationen zwischen Fachwissenschaftler*innen und Neuheid*innen etabliert, von denen beide Seiten profitiert haben.

Unter den Gründen, weshalb bestimmte Orte für Neuheid*innen besonders oder sogar heilig sind, nennen die beiden den Bezug zu Natur und andersweltlichen Zonen auch durch Kontakt zu Gottheiten und Geistern, die an diesen als Kraftorte wahrgenommenen Plätzen leichter erreichbar sind. Einerseits können diese Orte als Markierungen der starken Präsenz dieser Entitäten gesehen werden, andererseits aber auch als Plätze, die auf bestimmte Weise geweiht wurden; eine dritte Möglichkeit ist die große natürliche Schönheit eines Ortes, von dem sich Gottheiten und Menschen gleichermaßen angezogen fühlen.[74] Diese „heiligen Orte" werden von einzelnen Praktizierenden und Gruppen aufgesucht – für spezifische Rituale wie neuheidnische Hochzeiten, für Jahreszeitenfeste und ebenso zwecks Verbindungsaufbaus zu den Geistern des Ortes.[75]

Meiner festen Überzeugung nach haben Neuheid*innen jedes Recht, bestimmte Orte für in ihrem Sinne heilig oder spirituell bedeutsam zu halten und sie zu religiösen Zwecken aufzusuchen. Die einzige notwendige Einschränkung bei der Nutzung von Orten, die gleichzeitig Fundorte sind – gleichgültig, ob denkmalgeschützt oder nicht –, betrifft irreversible Veränderungen dieser Orte. Damit sind Bodeneingriffe gemeint, aber auch Veränderungen oder sogar Zerstörungen von aufgehenden Strukturen wie beispielsweise Megalithen.[76] Alles andere, was Neuheid*innen an solchen Orten tun, einschließlich kleiner Lagerfeuer, ist aus Sicht der Denkmalpflege unbedenklich.

In der Tat haben mehrere Umfragen unter Praktizierenden verschiedener neuheidnischer Strömungen im deutsch- und englischsprachigen Raum ergeben[77], dass der Umgang mit als prähistorisch oder historisch wahrgenommenen Plätzen ein sehr sensibler ist. Natürlich ist nicht auszuschließen, dass Teilnehmende an Umfragen nicht in allen Details die Wahrheit sagen oder manche Tatsachen auslassen, aber grundsätzlich entsteht ein Bild von aufmerksam agierenden Personen, denen diese Orte vielleicht auf andere Weise, aber ebenso wichtig sind wie Archäolog*innen oder Historiker*innen. Solange also kein Schaden angerichtet wird, ist der Anspruch von Neuheid*innen, ein Denkmal zu nutzen, ebenso gerechtfertigt wie jener von Wissenschaftler*innen, es zu analysieren und zu vermitteln.

Gerade hier liegt jedoch ein Spannungsfeld: Manager*innen und Interpret*innen prähistorischer Orte sind eben häufig nicht der Meinung, dass Minderheiten – und zu denen gehören Neuheid*innen bezogen auf ihre Zahl zweifellos – ein ähnliches Mitspracherecht zur Nutzung und Wertung von Orten haben wie jene, die dies üblicherweise tun: Archäolog*innen sowie Heritage Manager*innen.[78]

Darüber hinaus ist dem oben Gesagten einschränkend hinzuzufügen, dass die Belange der Denkmalpflege und ihr Anspruch, (prä-)historische Denkmale zu schützen, zwar rechtlich bindend und für eine Prähistorikerin persönlich auch wesentlich ist, dies aber für andere Personen noch lange nicht gelten muss. Das Bedürfnis, an einem als heilig wahrgenommenen Ort Rituale durchzuführen, zu denen das Graben großer Löcher oder das Verändern der Lage von Megalithen[79] gehört, mag individuell als wesentlicher betrachtet werden als jede Vorgabe des Denkmalschutzes.[80]

Neuheid*innen das Recht zur Abhaltung eines Rituals abzusprechen, wird auch häufig von der Vorstellung abgeleitet, es würde sich nicht um ein echtes, authentisches Ritual handeln, wie es jene Menschen durchgeführt haben (könnten), welche den Ort errichtet bzw. genutzt haben.[81] Dadurch fällt es umso leichter, das neuheidnische Ritual in einem ersten Schritt gewissermaßen als *Fake* abzutun, für das zum Beispiel Stonehenge nie errichtet wurde, und es im zweiten Schritt mit dem zusätzlichen Argument des Denkmalschutzes zu verbieten. Indem wir aber nicht vollständig rekonstruieren können, wofür Stonehenge tatsächlich errichtet und wie es – noch dazu im Laufe der Jahrtausende – genutzt wurde, kann auch niemand guten Gewissens neuheidnische Rituale wirklich als falsch oder unpassend

abtun. Aus meiner Sicht hebelt die Anerkennung dieser Tatsache die Bedürfnisse des Denkmalschutzes keineswegs aus. Eine friedliche Koexistenz halte ich für absolut und nachhaltig möglich.

An dieser Stelle sollen die Ergebnisse der vorhin erwähnten Umfragen[82] noch kurz umrissen werden. Die Fragestellungen zu Bezug und Nutzung von Fundstellen/heiligen Orten machten wenn auch nicht den einzigen, so doch einen wesentlichen Teil des Projektes aus und decken sich weitgehend mit den Ergebnissen von Blain und Wallis. Das Umfrageprojekt wurde 2014 mit einem deutschsprachigen Online-Fragebogen unter vor allem österreichischen Neuheid*innen begonnen und 2015 mit einem englischsprachigen Fragebogen fortgesetzt. Abgefragt wurde die persönliche Zuordnung zu einer bestimmten neuheidnischen Tradition, der eigene Interessens- und Wissensstand sowie die genutzten Quellen bei der Beschäftigung mit der (prähistorischen) Vergangenheit ganz allgemein sowie der Grad an Überzeugung hinsichtlich der Traditionslinie der eigenen Spiritualität. Nach der Frage, ob Rituale im Freien durchgeführt werden – was von rund 95 % der Teilnehmenden[83] bejaht wurde –, folgte die Frage, ob für solche Rituale auch Orte aufgesucht werden, die als *sacred sites* interpretiert werden. Diese Frage bejahten immerhin 75 % der englischsprachigen und 67 % der deutschsprachigen Teilnehmenden. 25,8 % bzw. 54 % stimmen der Aussage zu, dass manchmal etwas eingegraben wird. Bei der freien Frage, worum es sich dabei handelt, wurden selbstgemachte Symbole, Zettel, Kristalle, Steine, Nahrungsmittel, Blumen, Amulette, Knochen, Münzen, Strohpuppen, Holzstücke mit Runen, Baumwollkordeln, Haare und Samen aufgelistet – somit werden Dinge hinterlassen, die als *ritual litter* bezeichnet werden können.[84]

Insgesamt lässt sich eine große Bandbreite an Meinungen und Bedürfnissen der neuheidnischen Szene in Bezug zu Fundorten/heiligen Orten feststellen und keineswegs eine einheitliche „neuheidnische Sichtweise". Blain und Wallis haben etwa deutlich herausgearbeitet, dass Neuheid*innen an der Seite von Denkmalschützer*innen und facharchäologisch Tätigen engagiert arbeiten oder aber ganz andere Meinungen vertreten können. Hier ist unbedingt darauf zu achten, einzelne Personen und Gruppen nicht in den sprichwörtlichen einen Topf zu werfen.

Göttinbewegte Orte: Çatal Hüyük, Knossos, Malta

Neben bereits erwähnten, gut bekannten Fundorten wie Stonehenge, die für das Neuheidentum große Bedeutung haben, gibt es mit Çatal Hüyük, Knossos und Malta drei weitere wichtige Orte, die es im neuheidnischen Umfeld zu großer Bekanntheit gebracht haben. Sie treten regelhaft in den entsprechenden Traditionslinien auf, vor allem auch dann, wenn es um Göttinnen und Frauen geht. Naturgemäß haben vor allem die *Goddess Spirituality* und die damit zusammenhängende „Matriarchatsforschung" sowie Wicca eine enge Anbindung an Orte, die schon seit längerer Zeit gerne mit einem angeblichen Matriarchat und der „Großen Göttin" in Verbindung gebracht werden.

Zweifelsohne ist das in Anatolien liegende Çatal Hüyük eine der herausragenden neolithischen Fundstellen, welche der Archäologie zur Verfügung stehen. Seit den 1960er Jahren wird sie mit Unterbrechungen wissenschaftlich erforscht. Es handelt sich um eine große, dicht bebaute Siedlung aus Lehmhäusern, die neben einer enormen Fülle an unterschiedlichen Befunden auch große Mengen an Fundmaterial erbrachte. Durch die Größe des Fundortes und die Dichte der Informationen kann noch lange nicht von einer umfassenden Erforschung oder abschließenden Beurteilung seitens der Archäologie die Rede sein. Interesse hat dieser Ort aber nicht unbedingt aufgrund seiner Größe oder des hohen Alters erregt, sondern vielmehr aufgrund zweier besonderer, aus archäologischer Sicht schwer zu deutender Faktoren: Wandreliefs im Inneren der Häuser und Statuetten. Çatal Hüyüks Häuser sind innen häufig durch unterschiedliche Reliefs und Malereien gestaltet. Im Zentrum der Diskussion steht regelhaft die Darstellung einer Figur mit gespreizten Beinen und betontem Nabel. Ihre Interpretation als weibliche menschliche Person ist nicht unumstritten, doch für göttinbewegte Menschen ist klar: Es handelt sich hierbei um die Große Göttin der Alten (mediterranen) Welt. Aus archäologischer Sicht muss wie immer bei derlei Befunden gelten, dass eine Interpretation auch dann schwierig wäre, wenn das biologische Geschlecht der dargestellten Figur einwandfrei erkennbar wäre. Ob es sich um eine Gottheit handelt, ist ebenfalls nicht belegbar. Noch schwieriger ist die daraus häufig folgende Ableitung einer größeren gesellschaftlichen Bedeutung der Bewohnerinnen von Çatal Hüyük gegenüber den zeitgenössischen Männern oder sogar mutterrechtliche Gesellschaftsstrukturen.

Der zweite für *Goddess Spirituality* und „Matriarchatsforschung" wesentliche Punkt an Çatal Hüyük sind einige weibliche Figurinen, welche in gleicher Weise wie die Reliefs in den Häusern interpretiert wurden. Sie zählen zu jenen prähistorischen Frauenstatuetten, die hinsichtlich ihrer Interpretation methodische Probleme bereiten.

Abschließend darf nicht unerwähnt bleiben, dass für die Verbreitung des Glaubens an ein göttinbewegtes Çatal Hüyük durchaus

Çatal Hüyük, Türkei

auch die Archäologie selbst verantwortlich ist, namentlich in der Person des Erstausgräbers James Mellaart.[85] Seine Schriften haben wesentlich zur Annahme beigetragen, Çatal Hüyük wäre ein Ort des prähistorischen Matriarchats und der Göttinnenverehrung, was gerne aufgegriffen wurde. Seit den 1990er Jahren ist die Forschung hier vom britischen Archäologen Ian Hodder geprägt[86], der die Dinge hinsichtlich einer neolithischen Göttin und der diesbezüglichen Bedeutung dieser Fundstelle weitgehend anders sieht. Es wurde jedoch zurecht darauf hingewiesen, dass es nicht Sache des Archäologen ist, zu beurteilen, ob es gerechtfertigt ist, wenn eine Praktizierende auf seiner Fundstelle die Anwesenheit der/einer Göttin spürt.[87]

Bei Knossos handelt es sich um eine große und facettenreiche Fundstelle auf der Insel Kreta mit langer Forschungsgeschichte und kontrovers diskutierter Interpretation. Das Zentrum der minoischen Kultur der ägäischen Bronzezeit wurde von Arthur Evans als Erstausgräber im frühen 20. Jahrhundert archäologisch erforscht, gedeutet und teilweise rekonstruiert. Seine auch künstlerischen

Palast von Knossos, Kreta

Vorstellungen der minoischen Palastkultur hatten und haben großen Einfluss auf das Bild des Lebens in dieser Siedlung, auf Kreta und im östlichen Mittelmeerraum ganz generell. Aus der großen Menge an Befunden und Funden wurden seitens der „Matriarchatsforschung“ ganz bestimmte Elemente herausgegriffen, um die These vom urgeschichtlichen Matriarchat untermauern zu können. Es handelt sich um die figürlichen Darstellungen im Inneren der Gebäude, die unter anderem eindeutig Frauen zeigen – teilweise mit entblößtem Oberkörper, was die Zuordnung erleichtert. Besonders bekannt ist die Darstellung von Frauen, die mit ausgestreckten Armen in jeder Hand eine Schlange halten. Dies sind die Quellen, auf deren Basis die große Bedeutung von minoischen Priesterinnen und Göttinnen – als Ausprägungen der einen Großen Göttin – postuliert werden.[88] Aus archäologischer Sicht ist die Angelegenheit einmal mehr die Gleiche: Darstellungen von Frauen bedeuten nicht automatisch höhere gesellschaftliche Stellungen von Frauen, eine höhere Bedeutung von weiblichen Gottheiten gegenüber männlichen und schon gar kein Matriarchat.

Minoische Hinterlassenschaften haben vor allem durch die Protagonist*innen der Göttinnenspiritualität viel Aneignung erfahren.[89] Die Darstellungen von Knossos und die davon seitens der *Goddess Spirituality* abgeleiteten Vorstellungen der zeitgenössischen frauenzentrierten Welt haben unter anderem Eingang in den Roman „Die Feuer von Troia" von Marion Zimmer Bradley gefunden. Dies ist insofern nicht ganz uninteressant, als deren Schwägerin Diana Paxson selbst eine wichtige Autorin des (germanisch orientierten) Neuheidentums ist.[90]

Auf Malta vereinen sich zwei geheimnisumwobene Aspekte: Megalithen und die angebliche Präsenz der Göttin. Sowohl auf Malta als auch auf der kleineren Nachbarinsel Gozo haben sich große Mengen neolithischer Megalithanlagen erhalten, die zum UNESCO-Welterbe zählen. Die aus riesigen Steinblöcken errichteten Anlagen werden zumeist als „Tempel" bezeichnet; Hinweise auf Tieropfer wurden entdeckt, doch die konkreten rituellen Abläufe lassen sich ebenso wie die ganz grundsätzliche Nutzung naturgemäß nicht im Detail rekonstruieren. Für Menschen auf der Suche nach Belegen für ihre These von der Großen Göttin oder des Matriarchats ist Malta jedoch eine überaus reiche Fundgrube. Zahlreiche Figurinen unterschiedlicher Größe wurden gefunden. Häufig stellen sie fettleibige Personen dar, die gar nicht immer eindeutig als biologische Frauen erkennbar sind, aber trotzdem umgehend als Muttergottheiten interpretiert wurden. Das zuvor bereits Gesagte zum Thema Statuetten gilt auch für die Funde von Malta.

Bei Megalithdenkmälern handelt es sich um eine der am häufigsten genannten Fundortkategorien in der neuheidnischen Literatur.[91] Fundorte in Großbritannien stehen dabei häufig im Zentrum; das Spektrum schwankt von der Vorstellung, Druiden hätten Stonehenge und andere Orte errichtet, bis zur Idee, sie hätten sie zumindest genutzt. Der Standpunkt der modernen Prähistorischen Archäologie ist klar: Megalithdenkmäler datieren in Neolithikum

Ħaġar Qim, Malta

und Bronzezeit,[92] keineswegs in die mit den Druiden verbundene Eisenzeit. Es waren William Stukeley und seine Zeitgenossen des 18. Jahrhunderts, welche die Verbindung zwischen Druiden und Stonehenge (und anderen Megalithdenkmälern) herstellten, die immer noch auf vielfältige Weise zu bestehen scheint.[93]

Objekte und Symbole

Ein Überschneidungspunkt zwischen Neuheidentum und Archäologie, der sich weniger in den Texten als vielmehr in Bildern ausdrückt, betrifft konkrete Objekte, Muster oder Symbole. Darüber wird seltener und weniger ausführlich geschrieben als über Traditionslinien, Gottheiten, Rituale und Orte. Dafür tauchen entsprechende bildliche Inhalte in unterschiedlicher Form auf Personen, Webseiten und Titelseiten von Büchern auf. Tatsächlich eignen sich manche Muster, Verzierungen oder Symbole, wie sie aus archäologischem Kontext bekannt sind, hervorragend für diese Zwecke. Muster aus frühmittelalterlichen irischen Buchmalereien, die Silhouetten prähistorischer Figurinen, Darstellungen von skandinavischen prähistorischen Felsritzbildern oder frühmittelalterlichen Runensteinen, Schmuck samt diverser Zierden und Muster, Spiralmuster von

Situla von Kuffern, Niederösterreich; rechts daneben der Kessel von Gundestrup, Dänemark

Megalithdenkmälern und spezifische Objekte – wie der Thorshammer als eines der herausragenden Beispiele – zieren Hälse, Mantelsäume sowie analoge und digitale Seiten.

In diesem Bereich zeigt sich eine enge Überschneidung des Neuheidentums mit der Reenactment-Szene. Beide Gruppen blicken auf die gleichen Quellen, wenn es um eine spezifische, kulturell säuberlich sortierte Ausstattung der eigenen Person geht, sei es mit Schmuck und rituellem Werkzeug in Form von Nachbildungen, Muster für die Kleidung oder Tattoos. Für beide Gruppen kann auch die Ausstattung von Camps von Bedeutung sein, wodurch sich das Spektrum um Zelte, Möbel, Hausrat und Werkzeug erweitern kann. Je nach Objekt und Hersteller/Anbieter kann es sich um eine gut gemachte Replik – auch als Ergebnis experimenteller Archäologie –, um eine Rekonstruktion mit gewissem Unsicherheitsfaktor (beispielsweise bei

Replik eines Thorshammers

nur teilweiser Erhaltung des Originals) oder um ein völlig beliebiges Objekt, dem eine bestimmte Verzierung hinzugefügt wurde, handeln.

Was rituelles Werkzeug angeht, wird vor allem von Wicca häufig ein sogenannter Athame, ein ritueller Dolch bzw. Messer, verwendet. Natürlich sind Messer, Dolche und Schwerter häufige archäologische Funde, die auch als Repliken von unterschiedlichsten Herstellern angeboten werden. Wie oft solche Repliken von Wicca oder anderen Neuheid*innen genutzt werden, oder ob eher auf den einschlägigen Handel für Ritualwerkzeug zurückgegriffen wird, ist mir nicht bekannt.

Eine weitere objektbezogene Verbindung zwischen Archäologie und Neuheidentum betrifft den Kessel. Grundsätzlich hat der Kessel als magisches Objekt in vielen Teilen des Neuheidentums große Bedeutung und kommt nicht nur im Zusammenhang mit

Darstellungen der bereits erwähnten mythischen Figur Cerridwen immer wieder in der neuheidnischen Literatur vor. Dort wird auch korrekterweise darauf verwiesen, dass Kessel in archäologischen Kontexten auftreten, vor allem auch in der Eisenzeit, die wiederum traditionell mit den „Kelten" verbunden ist. Gut bekannte Beispiele sind der große Kessel im späthallstattzeitlichen Grab von Hochdorf im deutschen Baden-Württemberg[94] sowie der in Dänemark gefundene Kessel von Gundestrup.

Innerhalb der Archäologie werden Kessel, die üblicherweise als Grabbeigaben entdeckt werden, in erster Linie als Getränkebehälter für die Zusammenkunft größerer Gruppen gedeutet. Nachdem das kollektive Ausschenken und Trinken jedoch nicht nur ein sozialer Akt gewesen sein muss, sondern durchaus auch eine religiöse Konnotation aufgewiesen haben kann, wird eine rituelle Bedeutung auch nicht ausgeschlossen. Tatsächlich wird das häufig zitierte Symposion

samt mediterranen Trinksitten von der Archäologie regelhaft als Vorbild für die prähistorischen (eisenzeitlichen) Gemeinschaften Mitteleuropas beschrieben.[95] Die Darstellungen auf Situlen – formal zwar keine Kessel, jedoch eindeutig Getränkebehälter – könnten rituelle Feste zeigen. Die Verbindung von Getränkebehältern – ob rund und bauchig wie ein Kessel oder schmal und konisch wie eine Situla – mit auch religiös bzw. magisch aufgeladenen Riten ist also sogar für die archäologische Forschung denkbar.[96]

Bei einfachen Symbolen wie dem häufig genutzten Triskel, Tierstildarstellungen oder dem Thorshammer werden vor allem in der zweidimensionalen Darstellung originalgetreue Abbildungen ebenso verwendet wie kreativ veränderte Bilder und Grafiken. Hier zeigt sich in gewisser Weise der neuheidnische Geist: Ein aus der Vergangenheit übernommenes Element wird auf moderne Weise adaptiert und spirituell (und teilweise wohl auch kommerziell) nutzbringend verwendet.

Für die vielen Bezüge zu einer namenlosen „Großen Göttin" der Urgeschichte, die, wie gezeigt wurde, unter anderem auch für die Göttinnenspiritualität und die „Matriarchatsforschung" von Bedeutung ist, sind prähistorische Frauenstatuetten wesentlich. Sie dienen als angeblicher Beleg für die große soziale aber auch spirituelle Bedeutung der Frau in der Urgeschichte und sind beliebte Beispiele innerhalb und außerhalb der neuheidnischen Szene, um die jeweilige Argumentation zu unterstützen.[97] Aus archäologischer Sicht sind verschiedene Kritikpunkte zu formulieren. Ganz besonders deutlich wird angesichts des Phänomens, eine bestimmte Objektkategorie für die eigenen Zwecke zu deuten, der unbekümmerte Umgang mit Chronologie sichtbar. Prähistorische Frauenstatuetten kommen nicht nur in einem bestimmten Abschnitt der Urgeschichte oder nur in einer bestimmten Region vor. Es gibt sie mit jahrtausendlangem Abstand im

Die „Venus" von Willendorf

Paläolithikum und im Neolithikum, sie sind auch aus den Metallzeiten bekannt, und darüber hinaus aus vielen verschiedenen Regionen Europas. Sie sind zeitlich und geographisch in völlig unterschiedliche (archäologische) Kulturen eingebettet, und schon aus diesem Grund nicht auf eine Weise miteinander vergleichbar, die erlauben würde, sie als Ausdruck ein und desselben geistigen Hintergrundes zu interpretieren. Selbst wenn es also gelingen würde, herauszufinden, was eine mittelneolithische Statuette einer Frau mit großem Gesäß, ansonsten aber schmalem Körper und wenig ausprägten Gliedmaßen und Kopf für die Menschen, die sie hergestellt und genutzt haben, wirklich bedeutet hat, wäre damit noch lange nichts gewonnen bei der Interpretation einer so berühmten Figur wie der sogenannten Venus[98] von Willendorf. Denn diese ist ungefähr 25 000 Jahre älter als ihre mittelneolithische Kollegin. Es ist wohl davon auszugehen, dass sich in einer so langen Zeit Religionen, soziale Gefüge und ganz allgemein Weltbilder häufig und grundlegend verändert haben – noch dazu in verschiedenen Regionen eines ganzen Kontinents.

Mit anderen Worten: Prähistorische Frauenstatuetten eignen sich aus geschichtswissenschaftlicher und archäologischer Sicht weder für das Postulat eines prähistorischen Matriarchats noch einer prähistorischen frauen- oder göttinzentrierten Religion, auf die man sich berufen könnte, wenn man auf solider historischer Basis eine moderne neuheidnische Religion (re-)konstruieren möchte.

Wie immer ist mir auch hier wieder die Klarstellung ein Anliegen, dass der spirituelle Nutzen für Praktizierende sich natürlich trotzdem aus genau dieser Vorstellung einer echten Traditionslinie ergeben kann und die diesbezügliche Verwendung von prähistorischen Frauenstatuetten aus neuheidnischer Sicht legitim ist.

„Fanny vom Galgenberg“ – paläolithische Frauenstatuette

Abschließende Betrachtungen

Naturnähe – Naturferne

Warum ist die Vergangenheit so wirkmächtig, dass sie sogar als vermeintlicher Tatsachenlieferant für neu entstehende Religionen dienen kann? Was verbinden Menschen des 20. und 21. Jahrhunderts mit der Steinzeit, der Bronzezeit, der Eisenzeit, kurz gesagt jener Zeit, in der unsere Vorfahren zwar nicht mehr ständig nomadisierend unterwegs waren, aber dennoch einen völlig anderen Lebensstil als wir Heutigen pflegten? Was fehlt heute, das im Rückgriff auf das Damals gefunden werden kann?

Ein ganz wesentlicher Begriff in diesem Zusammenhang ist Naturnähe. Dem prähistorischen Menschen wird unterstellt, ein ursprüngliches, natürliches und insgesamt gutes Verhältnis zur Natur gehabt zu haben. Pflanzen, Tiere, Naturphänomene wie das Wetter, ganze Landschaften – all das ist im Neuheidentum positiv konnotiert. Die Menschen in vorchristlichen Zeiten – unsere Vorfahren – werden nicht nur als natürlicher Teil all dessen betrachtet, sondern man unterstellt ihnen auch, dies selbst ebenso empfunden zu haben. Nichts weniger als ein Goldenes Zeitalter der Naturverbundenheit wird hier postuliert. Deutlich sichtbar ist das am Beispiel der „Kelten“: Gerade den sogenannten Druiden ist oft ein sehr inniges Verhältnis zu Bäumen angedichtet worden.

Diesem Bild der sanften Liebe zwischen Mensch und Umwelt sind zahlreiche bekannte Faktoren entgegenzuhalten, welche in der Lage sind, selbiges Bild zu relativieren. Natur ist für den Menschen auch jener Bereich, der Krankheiten hervorbringt, an denen die kleinen Kinder sterben; die Raubtiere, an denen das Vieh stirbt; die Hagelstürme, von denen die Ernte vernichtet wird. Die Natur muss gerodet werden, um Äcker zu schaffen, abgeholzt, um Baumaterial und Heizmittel zu erhalten, domestiziert, gepflanzt, in Schranken gewiesen werden, kurz: kultiviert. Kultur ist ja gerade das Gegenteil von Natur, was einem umso bewusster werden dürfte, je mehr Aufwand es bedeutet, die jeweilige kulturelle Insel einem Meer aus Natur abzuringen. Der prähistorische Mensch muss Natur deshalb nicht ständig als feindlich und das Leben nicht als ewigen Kampf betrachtet haben. Aber die Natur verfügte über sehr viel Potenzial, ihm Schaden zuzufügen.

Damit ist keineswegs gesagt, die (prä-)historischen Kulturen der Vergangenheit wären vollkommen primitiv gewesen, unsere Vorfahr*innen wären mit spätestens 25 Jahren gestorben, voller Parasiten, zahnlos und unterernährt. Menschen und ihre gesellschaftlichen Systeme haben sichtlich zahlreiche Methoden gefunden, um den Auswirkungen von zu viel natürlichem schädlichem Einfluss etwas entgegensetzen zu können. Die historische Wirklichkeit war ausgesprochen heterogen – immerhin sprechen wir von Zigtausenden von Jahren und großen geographischen Gebieten. Natürlich haben sich die Verhältnisse immer wieder verändert, von Zeit zu Zeit und Ort zu Ort. Manchmal wird es Menschen besser, manchmal schlechter gegangen sein. Und natürlich sind bäuerlich tätige Personen auf gewisse Weise enger mit „der Natur“ verbunden als Leute, die ihre berufliche Zeit vor einem Computer verbringen. In dieser Hinsicht unterscheiden sich neolithische Bäuerinnen und Bauern aber nicht von Landwirtinnen und Landwirten des frühen 20. Jahrhunderts.

Das Verhältnis unserer Vorfahr*innen zur Natur muss wohl ein pragmatisches gewesen sein: Man fand seine Wege, um mit der Umgebung umzugehen und von und mit ihr zu leben. Bei ausschließlich kontemplativer und spiritueller Betrachtung von Mutter Natur hätten sich die Dinge für die Menschheit wohl anders entwickelt, wobei „anders" nicht unbedingt „schlecht" bedeutet. Denn obschon wir nicht in allen Details wissen, was wann geschehen ist, kennen wir doch sehr genau das Ergebnis: eine wenig naturverbundene, Raubbau betreibende Welt, die kurz vor dem menschengemachten Kollaps steht. Der Homo sapiens war uns Heutigen auch vor 10 000 Jahren schon ähnlich. Die angebliche Naturverbundenheit des prähistorischen Menschen ist also ein Konstrukt unserer eigenen Zeit.[1]

Reaktionen aus Wissenschaft und Kirche

Der Soziologe René Gründer spricht vom „Irrationalismusverdacht", unter dem Neuheid*innen generell zu stehen scheinen – und der die Beschäftigung mit dem Neuheidentum seiner Meinung nach erschwert hat.[2] Er schreibt: „Der Vorwurf einer fahrlässigen Regression hinter die Errungenschaften der europäischen Aufklärung ist nicht zu überhören."[3] Neuheid*innen erregen also Aufsehen und Verdacht, scheinen eine Art von Gefahr darzustellen. Sich neuheidnischen Inhalten und Gedanken verpflichtet oder verbunden zu fühlen, wird möglicherweise deshalb selten offen zugegeben – angesichts der öffentlichen Meinung kein Wunder. Neuheid*innen sind aber selten einsam am Waldrand naturnah lebende Personen ohne Anbindung an die moderne Gesellschaft. Ganz im Gegenteil handelt es sich um häufig gut ausgebildete, mitten im gesellschaftlichen Leben stehende Menschen. Einzig ihre Religion unterscheidet sie von dem, was in der Gesellschaft üblich ist. Um aber Teil dieser Gesellschaft zu sein, Positionen im öffentlichen Dienst einnehmen zu können, als Mitarbeiter*in, Verhandlungspartner*in usw. ernst genommen zu werden, könnten Neuheid*innen motiviert sein, ihre neuheidnische Identität zu verbergen.

Diese Art des Denkens über Neuheid*innen hat wohl auch die Position der Wissenschaft beeinflusst. Das Neuheidentum ist kein üblicher Forschungsgegenstand der archäologischen Fächer. Sich dennoch damit zu befassen, kann durchaus zu großem Interesse unter Kolleg*innen führen, jedoch auch zu mitfühlendem Lächeln, was unter den potenziellen negativen Konsequenzen noch die mildeste ist. Vielleicht herrscht die Vorstellung, ein solches Thema würden nur jene wählen, welche ihm unkritisch positiv gegenüberstehen (oder womöglich selbst Neuheid*innen sind), weshalb die forschenden Personen unfähig sein könnten, das Neuheidentum kritisch und wissenschaftlich zu betrachten.[4] Dies wäre allerdings eine seltsame Unterstellung, sollten wir doch an religiöse Menschen in der Wissenschaft – nämlich Theolog*innen – gewöhnt sein, die Religionen analysieren, und zwar durchaus ihre eigenen. Ihr Glaube macht sie nicht zu schlechteren Wissenschaftler*innen. Der Gedanke ist jedoch eine direkte Ableitung des „Irrationalismusverdachts".

Es scheint die gesellschaftlich und wissenschaftlich sicherere Position zu sein, das Neuheidentum als Humbug abzutun, mit dem man sich am besten nicht in Verbindung bringt.

An dieser Stelle soll noch einmal Kocku von Stuckrad zu Wort kommen, dessen Beobachtungen zum Schamanismus hier auch für den Zugang zum gesamten Neuheidentum gelten können. Aus der Ableitung, dass der Schamanismus sowie zahlreiche andere Elemente der Esoterik ein immanenter Bestandteil der geistesgeschichtlichen Entwicklung auf Basis der Aufklärung waren und sind, zieht Stuckrad gegenüber dieser Tatsache die Werke von Hartmut Zinser heran, der in reichlich abwertender Weise über Esoterik allgemein und den Schamanismus speziell schreibt. Stuckrad hierzu: „Die Dialektik von Abwehr und Verlangen äußert sich hier in der Weise, dass der Neo-Schamanismus für die aufgeklärte Wissenschaft zur Projektionsfläche des (eigenen) Irrationalismus wird, gegen den man sich zur Wehr setzt, der Neo-Schamanismus wiederum sein Übermaß an Verlangen mit einem Verlust der kritischen Reflexion bezahlt und seinerseits den Rationalismus zum Feind erklärt. *Beide Positionen sind untrennbar miteinander verwoben.*"[5]

Christliche Organisationen und Kirchen beschäftigen sich länger als die Wissenschaft mit dem Phänomen des Neuheidentums.[6] Hier ist vielleicht von einem noch stärkeren Gefühl der Bedrohung auszugehen, geht es doch letztlich wirklich um spirituelle Fragen und die konkreten Lebensentwürfe von Menschen, die sich von der Kirche abgewandt haben bzw. (als Kinder von Neuheid*innen) nie Teil davon waren. Dementsprechend konnten Beobachter*innen aus der christlichen Szene das Neuheidentum nicht mit wertfreiem Blick beschreiben. Dies gilt jedoch auch für die andere Seite: Manche Beschreibungen des Christentums bzw. von Kirchen durch Neuheid*innen verdeutlichen oft intensive Gefühle von Ablehnung, Hass und Abscheu.[7] Man begegnet einander mit Skepsis, verkörpern die Anhänger*innen der unterschiedlichen Gruppen doch Weltbilder, die sich nicht grundlegender voneinander unterscheiden könnten.

Das Christentum prägt die westliche Kultur seit Jahrhunderten, es verfügt über einen teilweise streng hierarchisch aufgebauten Machtapparat, der bis vor nicht allzu langer Zeit politisch nutzbringend eingesetzt wurde; für große Teile (z. B. den Katholizismus) gilt die Notwendigkeit, für die Kommunikation mit der Gottheit auf Vermittler (Priester) zurückgreifen zu müssen; Frauen sind deutlich schlechter bewertet und haben teilweise keinen, teilweise nur wenig Anteil an spirituellen, öffentlichen Handlungen oder überhaupt Einfluss; es existieren exakte Vorgaben, was zu glauben und was zu tun ist, sowohl konkret im Kirchenritual als auch außerhalb im gesamten (Privat-)Leben. Demgegenüber propagiert das Neuheidentum individuelle Freiheit, zu glauben und (rituell) zu handeln, verfügt dennoch über eine bestimmte Ethik („Tu was du willst, solange du niemandem schadest"), hat so gut wie keine nennenswerten Hierarchien aufgebaut, und gibt Frauen (in den meisten Fällen) nicht nur den gerechten Hälfteanteil an Gestaltungsmöglichkeiten und spiritueller Bedeutung, sondern stellt sie teilweise sogar mitten ins Zentrum des Weltbildes. Das Neuheidentum ist Ausdruck einer individualisierten und sehr freien modernen Gesellschaft. Somit überrascht der tiefe Graben zwischen Christentum und Neuheidentum keineswegs. Trotzdem lassen zahlreiche Neuheid*innen christliche Elemente in ihrem Leben nicht nur zu, sondern pflegen sie bewusst.[8]

Ausblick

Neuheid*innen auf der ganzen Welt sind an Vergangenheit interessierte und über Vergangenheit teilweise sehr gut informierte Menschen. Sie recherchieren, diskutieren – und sie praktizieren. Ihr Fokus mag auf der Ausübung einer Religion liegen, aber sie kehren immer wieder zurück zu dem, was aus ihrer Sicht „die Anfänge“ sind – und die liegen in der Urgeschichte. Es ist ihnen ein Anliegen, möglichst viel darüber herauszufinden. Die Fragen, die sie stellen, sind häufig andere als jene, die innerhalb der Fachwissenschaften diskutiert werden. Sie sind deshalb nicht weniger wesentlich. Auch Personen aus der Reenactment-Szene stellen oft interessante Fragen, und Beantwortungsversuche können ganz neue Einsichten oder zumindest Fragestellungen generieren. So gesehen sind nicht nur Fragen wie „Woraus wurde ein Dach gebaut?“ oder „Wie viele Geschirrtücher verbraucht ein hallstattzeitlicher Haushalt pro Jahr?“ gerechtfertigt, sondern auch „Welches Räucherwerk verwendeten die Menschen im Frühmittelalter in Norwegen?“, wobei alle möglicherweise von der (Experimentellen) Archäologie beantwortet werden können, aber vor allem letztere für das Neuheidentum spannend sein dürfte.

Insofern ist es nicht sehr nützlich, die Motivation oder das Vorgehen von Neuheid*innen in Bezug auf die Vergangenheit nur zu belächeln. Es ist auch nicht das Anliegen dieses Buches, der neuheidnischen Szene unter die Nase zu reiben, wo sie bei ihrer Meinung zur Urgeschichte falsch oder zumindest knapp daneben liegt. Ganz im Gegenteil hilft das Wissen um die jeweiligen Fragestellungen und Bedürfnisse vielleicht dabei, nicht nur gegenseitigen Respekt aufzubauen, sondern sogar gemeinsam aus unterschiedlichen Blickwinkeln auf die Vergangenheit zu schauen, um noch mehr über sie zu erfahren.[9] Denn auch die Fachwelt kann falsch oder knapp daneben liegen, wenn sie Aussagen zur Urgeschichte trifft – die fragmentarische Quellenlage erlaubt zahlreiche Interpretationen.

Gleichzeitig unterstütze ich sehr stark einen spirituellen Zugang, der innerhalb der neuheidnischen Szene mit einem interessanten Begriff bezeichnet wird: UPG – Unverified Personal Gnosis. Die eigene spirituelle Erfahrung steht meiner Meinung nach immer über jedem religiösen Dogma, ganz gleich welcher Ausrichtung, und weil diese Aussage von vielen Neuheid*innen befürwortet, von einigen aber auch abgelehnt wird, wird dazu eine heftige Debatte geführt. Im Grunde geht es darum, ob etwas mehr spirituellen Wert hat, weil es in einer (korrekt interpretierten? vollständigen?) Überlieferung zu finden ist, oder weil es einer Person im Rahmen einer spirituellen Handlung als Information übermittelt wurde. Je stärker man sich mit dem Konzept von religiöser und persönlicher Freiheit anfreunden kann, desto geringer werden die Sorgen vor zu viel *personal gnosis* und zu geringer authentischer Praxis sein.

Ich denke, dieses Buch hat gezeigt, dass „authentisch" angesichts der Quellenlage ein zweifelhafter Wert ist.[10] Und wenn es noch so viele Texte gibt, die *Heathenry* nutzen kann, und im Vergleich dazu viel weniger für *Druidry* – die Überlieferung ist dennoch tragisch dünn. Sosehr ich die intensive Beschäftigung mit meinem Forschungsgegenstand schätze, hoffe ich doch, dass die laufenden Hinweise auf die Tatsache, dass wir nie wissen können, wie unsere Vorfahren ihre Religionen gelebt haben, nicht enttäuschen, sondern vor allem Mut machen, sich lieber stärker auf die eigene Erfahrung und die spirituelle Praxis zu verlassen: Kann es vor dem Hintergrund so viel moderner spiritueller Erfahrung wirklich noch darum gehen, es „richtig" zu machen? Es genauso zu machen wie unsere Vorfahren? Unsere Welt ist eine andere als jene in der Steinzeit, Eisenzeit oder Wikingerzeit – und falls es Gottheiten oder Geister tatsächlich gibt, die für Kontakte offen sind, werden auch sie hoffentlich mit der Zeit gegangen sein.

Anhänge

Vorwort

1 Siehe zu diesem Themenkreis Harrison 2018, 96–99; siehe Blain/ Wallis 2007 (16), die als Neuheiden wissenschaftlich in diesem Bereich arbeiten: „At the same time we do not feel that our pagan-ness compromises our scholarly ability; rather the one brings a different nuance to the other."

Einleitung

1 Diese geographische Einschränkung ist nicht absolut zu sehen. Unterschiedliche neuheidnische Gruppen greifen auch auf außereuropäische Inhalte und Methoden zurück (beispielsweise der Kemetismus); es gibt außerhalb Europas entstandenes Neuheidentum, und natürlich werden die unterschiedlichen Strömungen des westlichen und auch des osteuropäischen Neuheidentums auch außerhalb Europas – nicht nur, aber vor allem in den USA – praktiziert. Dennoch liegt der Fokus in diesem Buch, was die vermeintlichen Quellen und Traditionslinien angeht, hauptsächlich auf den prähistorischen Kulturen Europas.

2 Blain/Wallis 2007, 26–28; „[...] the enchanted past re-enchants" (26).

3 Leskovar 2018.

4 Siehe grundlegend Hutton 2011.

5 Davy 2007; Hutton 2001; 2007; 2009; siehe auch den von Davy editierten Sammelband (Davy 2009).

6 Z. B. Chas Clifton, Barbara Jane Davy, Ronald Hutton, Caroline Tully, Robert Wallis, Jenny Blain, Neil S. Price.

7 Genannt sei beispielhaft nur Faivre 2001.

8 Gründer 2010; Schnurbein 1992; 1996; 2001; 2004; 2006.

9 Hassmann 2000; Leube/Hegewisch 1998; Steuer 2004.

10 Osterwalder Maier 1991; Seidenspinner 1993; Obmann/Wirtz 1994; Rahemipour 2002; Augstein/ Samida 2005; Hoppadietz/Mölders 2007; siehe zusammenfassend Leskovar 2012a, 26–29; Blain/Wallis 2007.

11 Siehe umfassend Blain/Wallis 2007.

12 Wallis 2003.

13 Davy 2007.
14 Leskovar 2012a.
15 Leskovar 2012a, 129.
16 Lewis, Andersson 2012, 121.
17 Die Schaffung von Traditionslinien ist laut Lewis ein wesentliches Element aller Religionen. Erfundene Traditionen aus einer idealisierten Vergangenheit werden ganz einfach zur Legitimation benötigt. Für ihn bedeutet es mit zweierlei Maß zu messen, wenn beispielsweise das keltische Neuheidentum für etwas kritisiert wird, was in anderen Religionen ebenfalls üblich ist (Lewis 2009, 491).
18 „Fundiert" bedeutet in diesem Zusammenhang nicht „korrekt" im Sinne von „wissen, wie es gewesen ist", sondern „die lückenhafte Quellenlage und den aktuellen Forschungsstand einbeziehend".

Neuheidentum – ein Überblick

1 Siehe Murken 2009, 11 f.
2 Davy 2007, 7. Aufgrund des hier grundlegenden Charakteristikums für die Beschäftigung in diesem Buch, nämlich Rechtfertigung durch die (prä-)historische Vergangenheit, wird die Göttinnenspiritualität ebenfalls behandelt, selbst wenn sie (derzeit) nicht zu den neuheidnischen Religionen gezählt wird.
3 Davy 2007, 2.
4 Blain/Wallis 2007, 217, Anm. 1.
5 Vgl. dazu die im Englischen häufig genutzte Variante *heathen* bzw. *heathenry* vor allem für das germanisch konnotierte Neuheidentum.
6 Gründer 2010, 21.
7 Bischofberger 1996, 24.
8 Doyle White 2012, 11–17.
9 Siehe auch Gründer 2010, 18.
10 Doyle White 2012, 12 f.
11 Allgemein zu diesem Punkt siehe Davy 2007, 3 f.
12 Davy 2007, 3.
13 Davy 2007, 4.
14 Siehe auch Blain/Wallis 2007, 7; Davy 2007, 4.
15 Davy 2007, 4.
16 Leskovar 2020; Conway 2001.
17 Raeburn 2001, 57 f.
18 Siehe dazu die ausführlichen Studien von Ronald Hutton 2001; 2009; jüngst außerdem in aller Deutlichkeit Hutton 2022.
19 Neger 2009; Gründer 2010.
20 Leskovar 2018, 138–141.
21 Davy 2007, 6.
22 Davy 2007, 6.
23 Davy 2007, 17.
24 Davy 2007, 7.
25 Davy 2007, 7.
26 Davy 2007, 13.
27 Davy 2007, 19.
28 Davy 2007, 19, mit Bezug auf Margaret Murray; siehe dazu weiter unten.
29 Davy 2007, 20.
30 Davy 2007, 13
31 Davy 2007, 56.
32 Davy 2007, 55.
33 Davy 2007, 30.
34 Davy 2007, 14.
35 Davy (2007, 14) zitiert bei der Diskussion dieses Aspekts den Fantasy-Autor Terry Pratchett, der die Meinung der Hexen auf der Scheibenwelt, die um die Existenz von Göttern wissen, zum Thema „Glauben an Götter" beschreibt mit „It would be like believing in the postman" (vermutlich aus „Small

Gods"). Ronald Hutton (2001, 387) kommentiert in „Triumph of the Moon" die tiefen Einsichten des (mittlerweile verstorbenen) Terry Pratchett über Wicca, die sich auf so kongeniale Weise in seinen Romanen finden, wie unter anderem „Witches Abroad" und alle fünf Teile der „Tiffany Aching"-Reihe auch meiner Meinung nach sehr deutlich und höchst unterhaltsam zeigen.

36 Davy 2007, 33.

37 Vor allem im *Gardnerian Wicca* wird die Bedeutung der Initiationen in drei verschiedene Grade stärker als in anderen neuheidnischen Gruppen hervorgehoben; Davy 2007, 36.

38 Davy 2007, 33.

39 Davy 2007, 42.

40 Im Dezember 2010 wurde in der britischen Gefängnisordnung neuheidnischen Gefangenen die Erlaubnis erteilt, zumindest vier Jahreszeitenfeste samt passender Lebensmittel feiern zu dürfen; The Independent, 8.12.2010.

41 Davy 2007, 35.

42 Siehe auch Davy 2007, 51.

43 Davy 2007, 51, nennt außerdem den Altar (oder mehrere Altäre) im eigenen Heim.

Neuheidnische und verwandte Erscheinungsformen

1 Siehe auch Rountree 2019, 107.

2 Aitamurto 2013, 13; Aitamurto/Simpson 2013, 3.

3 Aitamurto/Simpson 2013, 2.

4 Über Wicca wurde bereits derart umfassend publiziert, dass nicht einmal die Nennung der wesentlichen Literatur einfach ist. Aus diesem Grund soll vor allem auf Ronald Huttons zahlreiche und grundlegende Schriften verwiesen werden, der unter anderem mit „Triumph of the Moon" schon 1999 eine umfassende Darstellung der historischen Entfaltung dieses Phänomens vorgelegt hat. Für die jüngere historische Entwicklung siehe beispielsweise auch Howard 2009.

5 Conway 2001, 5.

6 Conway 2001, 5.

7 Conway 2001, 6.

8 Conway 2001, 76.

9 Cusack 2009, 347.

10 Cusack 2009, 346.

11 Siehe exemplarisch Conway 2001, 8–13.

12 Zur Beeinflussung von Wicca durch den (Neo-)Schamanismus siehe auch Wallis 2003, 81–83.

13 Hutton 2003, 377.

14 Coven Tanita-Pan 2002, 16–30; Cunningham 2001, 15–18.

15 Hutton 2003, 386.

16 Der folgende Abschnitt ist die nur minimal überarbeitete Version eines Textes, der bereits in „Kämpfen um die Kelten" 2012 erschienen ist. Für umfassende Einsichten zum Themenkreis sei auf Fehlmann 2012 verwiesen.

17 Meier-Seethaler 1988, 26 ff.

18 Meier-Seethaler 1988, 23 f.

19 Göttner-Abendroth 1995; Eller 2000, 39–46.

20 Eller 2000, 46–53.

21 Juliane Hummel, Brigitta Kunz und Brigitte Röder haben 1996 ihr Buch „Göttinnendämmerung" publiziert, in dem sie genau dieser Frage

nachgehen und sie eindeutig beantworten.

22 Hummel, Kunz, Röder 1996.

23 Zur Analyse von und Kritik an der ausschließlichen Interpretation von minoischen Frauenstatuetten als Muttergöttinnen siehe Morris 2006.

24 Fehlmann (2011, 135–183) hat sich intensiv mit den archäologischen Hintergründen der „Matriarchatsforschung" auseinandergesetzt, vor allem mit den immer wieder herangezogenen Fundorten (z. B. Çatal Hüyük, Kreta) und Objektkategorien (besonders Frauenstatuetten).

25 Meskell 1995; Biehl 1997; Hayden 1998.

26 Schnurbein 1996a; Schnurbein 1996b.

27 Zur „Kampagne" gegen Gimbutas siehe Berggren/Harrod 1996; Marler 1999; Spretnak 2003.

28 Göttner-Abendroth et al. 2003.

29 Die archäologischen Fächer müssen sich allerdings umgekehrt den Vorwurf gefallen lassen, methodisch ebenfalls manchmal unsauber vorzugehen. Dies zeigt sich beispielsweise an der sogenannten archäologischen Geschlechtsbestimmung – Individuen werden häufig aufgrund ihrer Beigaben als Mann oder Frau bestimmt, nicht laut anthropologischer Analyse von Skelettresten oder Leichenbrand.

30 Davy 2007, 7.

31 Davy 2007, 7.

32 http://sisterhoodofavalon.org (Zugriff 5.1.2022). Auf der Startseite finden sich die bezeichnenden Begriffe „Remembering – Reclaiming – Renewing".

33 Gründerin Jhenah Telyndru besitzt laut ihrer Biographie auch eine archäologische Ausbildung (https://ynysafallon.com/about-jhenah (Zugriff 5.1.2022).

34 Der Begriff „Archäologie" tritt nicht auf, dürfte aber unter „Geschichte" mit gemeint sein.

35 http://sisterhoodofavalon.org/soa2013/what-we-believe/the-goddesses (Zugriff 5.1.2022).

36 http://sisterhoodofavalon.org/soa2013/what-we-believe/the-quest-for-avalon-within (Zugriff 5.1.2022).

37 „It is the exploration of the expression of Celtic British spirituality found in these sacred sisterhoods that informs and inspires the Avalonian Tradition today. We gather in all-women groups, journey to places of pilgrimage in the British Isles, study the history and language of the ancient Britons, practice traditional forms of Celtic healing and divination, explore Celtic arts and music, immerse ourselves in Cymric folklore and mythology, and seek to understand the cultural context that birthed our spiritual path. However, although we are working to establish a land sanctuary for learning and inner contemplation, we are not looking to literally recreate these ancient women's enclaves. Instead, the work of the Avalonian Tradition is to reclaim the symbolism inherent in the legends of Avalon, to remember the underlying meaning of the lessons of these stories, and to reclaim them in such a way that underscores their continu-

ing relevance for the woman of today.“ http://sisterhoodofavalon.org/soa2013/what-we-believe/the-quest-for-avalon-within (Zugriff 5.1.2022).

38 http://sisterhoodofavalon.org/soa2013/what-we-believe/from-the-morgen-what-is-avalon (Zugriff 5.1.2022).

39 Issac Bonewits streicht in seinem Vorwort für Diana L. Paxsons „Essential Ásatrú“ die Bedeutung von Marion Zimmer Bradleys „Nebel von Avalon“ als „major contributor to Goddess-centered paganism“ heraus. Umgekehrt nennt er den „Darkmoon Circle“, den Zimmer Bradley und Paxson gegründet haben; dessen Priesterinnen „helped inspire The Mists of Avalon“ (Bonewits 2006, VII).

40 „For though we who are drawn to Ynys Afallon journey down a pathway only dimly illuminated by the glow of legend, and lined with stepping stones of symbol and metaphor, our inner voyage brings us to a very real place of transformation and rebirth. This inward spiraling is a reflection of those ancient priestesses who dwelt apart, immersed in their service to the Divine, and living in the boundary places that straddle this world and the Otherworld. And just as we must seek their ways in the shaded overgrowth of history, we must also make our way through the perils of our shadow-selves in order to reveal the Blessed Isle where we, like Arthur, can dwell with the timeless and ageless source of our wholeness—the Lady of Sovereignty who empowers us with the Sword of Truth, the Vessel of Transformation, and the Fruit of Wisdom plucked from the orchards of Avalon within.“ http://sisterhoodofavalon.org/soa2013/what-we-believe/the-quest-for-avalon-within (Zugriff 5.1.2022).

41 http://sisterhoodofavalon.org/soa2013/what-we-believe/holy-days (Zugriff 5.1.2022).

42 Avalonian Thealogical Seminary, siehe http://avalonseminary.org/ (Zugriff 5.1.2022).

43 http://www.goddesstemple.co.uk/index.php/a-vision-for-you (Zugriff 5.1.2022).

44 Eine der aktivsten Protagonistinnen des Tempels ist Kathy Jones, Autorin des Buches „Priestess of Avalon. Priestess of the Goddess“ (dt. „Avalon. Der Pfad der Göttin. Alte Mysterien und moderne Wege“). Die Gründung des Tempels geht auf sie zurück; https://goddesstempleteachings.co.uk/priestessofavalon/ (Zugriff 5.1.2022).

45 Siehe allgemein zu Glastonbury und seiner Rezeption Laack 2009; zur Vorstellung von Avalon als letztes Refugium geflohener Priester*innen aus Atlantis siehe Laack 2009, 73, die unter anderem auf eine entsprechende Publikation von Marion Zimmer Bradley und Diana Paxson verweist.

46 Laack 2009, 75–77.

47 Laack 2009, 77.

48 Rountree 2019, 112.

49 Howell 2015, 262; Rountree 2019, 117.

50 Rountree 2019, 115. Kathryn Rountree beschreibt außerdem sehr

anschaulich die Entstehung eines modernen göttininspirierten Tempels auf Malta nach dem Vorbild des Glastonbury Goddess Temple, 2019, 118.

51 http://www.fellowshipofisis.com/ (Zugriff 5.1.2022).

52 Für einen Überblick zu dieser Entwicklung siehe Cusack 2009.

53 „The future is intimately connected with the Golden Age of the distant past; in fact, it is the recovery of the past." Cusack 2009, 343.

54 In Carole M. Cusacks Worten: „Rituals have been developed which are based on the myth of the Golden Age of matriarchy, and pilgrimage tourism to the sites of ancient Goddess cults has become a popular spiritual activity", 2009, 342.

55 Die Ariosophie als Lehre, die zwar auf manchen Inhalten von Blavatskys Theosophie aufbaute, jedoch massiv den rassischen und germanophilen Gedanken förderte, ist mit Namen wie Jörg Lanz von Liebenfels und Guido von List verbunden. Siehe dazu vor allem Goodrick-Clarke 1997; Kater 2001; Schnurbein 1996; Heller/ Maegerle 1998.

56 Der folgende Abschnitt ist die ergänzte Version eines Textes, der bereits in „Kämpfen um die Kelten" 2012 erschienen ist.

57 Hutton 2003, 136 ff.; 171 ff.

58 Hutton 2022.

59 Hutton 2001, 129. Britische Archäologen wie Sir Flinders Petrie, Stuart Piggott, O. G. S. Crawford und sogar Mortimer Wheeler „were guilty of subscribing to a belief in pagan survivals", Stout 2008, 119.

60 Hutton nennt die Arbeiten der archäologisch ausgebildeten Jacquetta Hawkes, aber auch Gordon Childe, der die Verehrung einer einzigen neolithischen Fruchtbarkeitsgöttin in weiten Teilen Europas behauptete; Hutton 2003, 280; 455. „Whether or not there ever was an Age of the Goddess in Neolithic Europe, there certainly was one among European intellectuals between 1951 and 1963." Hutton 2003, 280.

61 Hutton 2003, 275.

62 Hutton nennt einen Artikel von Peter Ucko (Peter J. Ucko, The Interpretation of Prehistoric Anthropomorphic Figurines, Journal of the Royal Anthropological Institute 92 (1962), 38–54), in dem dieser bezweifelt, dass in allen Frauenstatuetten im östlichen Mittelmeergebiet Abbilder der Großen Göttin gesehen werden können, eine Meinung, der nach und nach sämtliche britischen Wissenschaftler*innen gefolgt seien (Hutton 2003, 281).

63 Hutton 2003, 362. Diese Sichtweise hat sich vor allem im Bereich der sogenannten „Matriarchatsforschung" etabliert, was beispielsweise durch Buchtitel wie „Die Diskriminierung der „Matriarchatsforschung". Eine moderne Hexenjagd" (Göttner Abendroth et al. 2003) verdeutlicht wird.

64 Im folgenden nach Hutton 2003, bes. 205–240; siehe auch Adler 1979; Neger 2009; Ohanecian 2005; Rensing 2007.

65 Gardner war auch Mitglied in Aleister Crowleys *Ordo Templi Orientis*.

66 Maßgeblich ist Gardners Werk „Witchcraft Today" von 1954.

67 „Wicca“ bezeichnet eigentlich eine männliche Hexe; eine weibliche hieße „wicce“; freundliche Mitteilung von David Stifter.

68 Hutton 2003, 340 ff.

69 Hutton 2003, 344.

70 Wichtige Autorinnen der amerikanischen spirituellen Frauenbewegung bzw. des Dianic Wicca: Mary Daly, Merlin Stone, Barbara Ehrenreich, Zsuszanna Budapest, Starhawk. Laut Hutton war und ist vor allem aus Sicht der ersteren Kategorie der Hexenglaube bzw. die Konzeption „Hexe“ nicht nur eine spirituelle Bewegung, sondern hauptsächlich eine Waffe gegen das Patriarchat. Zur spezifisch amerikanischen Sicht auf das Matriarchat in Kombination mit der spirituellen Frauenbewegung siehe Eller 2000. Von großer Bedeutung für die Verbreitung der Wicca-Inhalte erwies sich auch Marion Zimmer Bradleys erfolgreicher Roman „Die Nebel von Avalon“ (engl. „The Mists of Avalon“, 1982).

71 Analog zur mangelnden Berücksichtigung archäologischer Forschungsergebnisse zeigen sich die einschlägigen Autor*innen auch von neueren Erkenntnissen historischer Arbeit wenig beeindruckt, vor allem wenn es um Opferzahlen und Motive der Hexenverfolgung geht. „9 Millionen Opfer“ und trotz aller Tragik der offensichtlichen historischen Ereignisse völlig überzogene Verschwörungstheorien (die Kirche habe im Rahmen gezielter europa- und amerikaweiter Verfolgungen weibliches Wissen auslöschen wollen) sind hierbei fest verankerte Größen.

72 Siehe im Detail Fehlmann 2011, 360–372, sowie Noble 2009. Entsprechende frühe Schriften stammen von Karl Ernst Jarcke (1828), Jules Michelet (1862; laut Fehlmann (2011, 363) wurde durch sein viel gelesenes Buch „La Sorcière“ „die Hexe zum Archetyp der geistigen Freiheit, da ihr Wissen der Natur und ihrer Lebenskraft entstammte“), und Charles Godfrey Leland (1899; im berühmten Werk „Aradia“ behauptete Leland, von einer jungen Frau namens Maddalena Informationen zu einem italienischen Hexenkult erhalten zu haben, der bis zur Zeit der Antike zurückreicht; siehe auch Fehlmann 2011, 363).

73 1921 „The Witch Cult in Western Europe“, 1931 „The God of the Witches“.

74 Wie schon erwähnt, war die frühe archäologische Forschung an der Entstehung solcher Vorstellungen über die Vergangenheit nicht gänzlich unbeteiligt, selbst wenn sie sich in späterer Zeit – und heute – davon distanziert(e). Fehlmann (2011, 368) weist drauf hin, dass Murray 1929 den Artikel über „Witchcraft“ in der Encyclopaedia Britannica schrieb, welcher erst 1974 entfernt und durch einen anderen Beitrag ersetzt wurde, was zweifellos enorm zur Verbreitung und Popularität ihrer These beitrug.

75 Fehlmann 2011, 369.

76 Noble 2009, 69.

77 Behringer 2005, 35.

78 Behringer 2005, 67; siehe auch Fehlmann 2011, 370 f., wonach die berühmten 9 Millionen vermut-

lich durch das Buch „Woman, Church and State“ von Matilda Joslyn Gage (1893) Eingang in die englischsprachige Literatur fanden; siehe dort (371 f.) auch zur Nutzung der 9-Millionen-Theorie in der NS-Ideologie. In einer nach Ländern geordneten Tabelle gibt Behringer rund 50 000 Hingerichtete an (mit einer überwiegenden Mehrheit in Deutschland und Polen/Litauen) und meint, Angaben, die weit über solchen Zahlen liegen, würden jeglicher Grundlage entbehren; Behringer 2005, 65–67.

79 Behringer 2005, 75.

80 Behringer 2005, 75–91.

81 Behringer 2005, 8.

82 Behringer 2005, 68 f.

83 Jüngst umfassend Hutton 2017.

84 Behringer 2005, 23.

85 Zu (angeblich) nachtfahrenden Frauen wie den Benandanti in Friaul (17. Jh.) siehe Carlo Ginzburg, I Benandanti, Turin 1966.

86 In diesem Buch werden die Begriffe „keltisches Neuheidentum“, „Neodruidentum“ und *Druidry* synonym verwendet.

87 Siehe dazu Leskovar 2012a, Kap. 7.3.1.

88 Leskovar 2012c.

89 Ronald Hutton hat sich der Rezeption dieses Begriffs in einigen umfassenden Werken angenommen (Hutton 2003; 2007; 2009). Bereits seit dem 16. Jahrhundert etablierten sich unterschiedlichste stereotype Vorstellungen von Druiden. Huttons Motivation zu dieser Analyse war sein Versuch, das Phänomen des keltischen Neuheidentums – *Druidry* – und dessen verschiedene Herkunftsstränge zu beschreiben. Er arbeitete aus zeitgenössischen Texten vor allem des 18. bis 20. Jahrhunderts „patriotische“, „weise“, „grüne“, „dämonische“ Druiden, also teilweise nebeneinander existierende Druidenbilder heraus und analysierte ihre jeweilige Bedeutung für den Zeitgeist der einzelnen Epochen seit dem 18. Jahrhundert bzw. ihre Entstehung aus dem jeweiligen Zeitgeist sowie auch ihr Verschwinden oder Aufgehen in aktuellen Vorstellungen.

90 Hutton 2007, 91.

91 Hutton 2007, 92.

92 Siehe Heiss/Leskovar 2015.

93 Maier 2001, 153 f.; Poseidonios FGrHist 87 F 116 = Diod. 5, 312-5, siehe Hofeneder 2005, 147–152.

94 Maier 2001, 154.

95 Maier 2001, 154.

96 Maier 2001, 154.

97 Maier 2001, 155.

98 Maier 2001, 155.

99 Caes. Gall. 6, 14, 3.

100 Caesar machte aus den gallischen Druiden etwas, das seinen Lesern aufgrund der Ähnlichkeit mit den *pontifices* zumindest teilweise vertraut sein musste. Maier 2001, 157.

101 Pomponius Mela 3,18 f.; Maier 2001, 157.

102 Maier 2001, 157 f.

103 Hofeneder 2015, 162 f.

104 Wesentlich auch für den Fernkurs von OBOD sind die Arbeiten von John and Caitlín Matthews zur „frühkeltischen“ und mittelalterlichen (Artus-)Literatur, die im Sinne einer Western Mysteries Tradition zahlreiche vom modernen *Druidry*

nutzbare Inhalte produzierten; Hutton 2003, 244 f.

105 Der folgende Abschnitt ist ein leicht bearbeiteter Text, der bereits in „Kämpfen um die Kelten“ 2012 erschienen ist.

106 Hutton 2003, 241.

107 Hutton reiht diese Organisation unter seine „rebel druids“; Hutton 2007, 157–204.

108 Hutton 2003, 240.

109 Hutton 2007, 172–204.

110 Hutton 2003, 242; 2007, 191.

111 „In that moment Philip Carr-Gomm's professional and spiritual concerns fused as a commitment to continue Nichol's life work with the end of helping people to achieve peace: with their own selves, each other and their planet“; Hutton 2003, 248.

112 Hutton 2007, 194; siehe auch www.druidry.org.

113 Hutton 2003, 249–258; 2007, 198–202.

114 Hutton 2007, 203. Ähnlich formulierte er es schon 2003, konkret bezogen auf OBOD: „The identification with Celticity as such was minimal […]“. Hutton 2003, 248.

115 Leskovar 2012a.

116 Gründer 2010, 18.

117 www.thetroth.org (Zugriff 1.2.2023).

118 Gründer 2010; Schnurbein 1992; 1993.

119 Gründer 2010, 42; Davy beschreibt in ihrem Buch von 2007 den heterogenen Zugang zum Göttlichen innerhalb des Neuheidentums. „Theism, meaning belief in God (or god/desses), thus may not be a very useful way of looking at Pagan relations with divinity. Belief in divinity is not necessary for being Pagan, but practitioners usually feel that it is possible for anyone to meet a deity or to encounter the divine“ (Davy 2007, 14 f.). Nachdem dies auch meiner Sicht des Neuheidentums entspricht, nutze ich Gründers Begriff des Asatheismus nicht selbst, obwohl ich ihn aufgrund seiner neutraleren Konnotation, gegenüber allen Begriffskombinationen, in denen „germanisch“ vorkommt, sehr schätze.

120 Siehe zur historischen Entwicklung anhand zweier Beispiele Gardell 2009.

121 Hierzu verfügt die Forschung mittlerweile über umfangreiche Studien: Mölders, Hoppadietz 2007; Schnurbein 1992; 1996; 2001; 2004; 2006; Sünner 2001; Gründer 2010.

122 „Unterschiedliche Vorstellungen einer Transmission germanischen Heidentums rekurrieren dabei notwendigerweise auf die im Feld verbreiteten Konzepte biologischer Abstammung (Rasse), kultureller Überlieferung (Sage, Brauchtum), geografischer und kulturräumlicher Qualitäten (Götter des Ortes und Kraftplätze) sowie letztlich auf die individuelle Mytheninterpretation.“ Gründer 2010, 305.

123 Gründer 2010, 305.

124 „It is equally important to emphasise that within the range of Heathen communities from inclusivist to folkish, almost all adherents would distance themselves from the extreme right.“ Blain/Wallis 2009, 422.

125 Vgl. dazu Gründer 2010, 19.

126 Siehe dazu auch Paxson 2006, 48 f.; 153–156.

127 Gründer 2010, 15.

128 Krasskova/Kaldera (2009, 25) teilen *Heathenry* beispielsweise „into three sociopolitical types of groups – Universalist, Tribal and Folkish“ ein. Sie weisen darauf hin, dass *Folkish Heathens* sich zwar von der *White Supremacist*-Bewegung distanzieren, das exklusive Praxisrecht ihres Glaubens für „people who are descended from Germanic bloodlines“ aber dennoch ein wesentlicher Bestandteil ihrer Überzeugung ist.

129 Krasskova/Kaldera 2009, 196: „Devout members of Reconstructionist and Reconstructionist-derived religions, by definition, are passionately engaged in examining and studying primary sources in order to look for clues as to how the Gods and Goddesses were worshipped prior to Christianity's spread across Europe. We want to know how the rites were structured, what our Ancestors believed, how the Gods were viewed, how daily life was invested with a cosmological awareness of the nine worlds and the Gods themselves. What were the common offerings to each God? How did the people pray? As Reconstructionism grows, textual exegesis is also used to determine orthodoxy and to answer questions that may arise. Even more importantly, this study is used to weed out possible Christian influences in modern practice and belief.“ 197: „It all goes back to a desire to honor the Gods properly.“

130 Siehe Krasskova/Kaldera 2009, 27.

131 Siehe etwa Krasskova/Kaldera 2009, 31; 47 f.; beispielsweise äußert sich eine von den Autoren befragte Person (Seawalker) gegen das krampfhafte Festhalten an der Überlieferung („the Lore“) (193): „The very word ‚lore‘ implies some sort of complete collection of ancient wisdoms, when instead it's a loose collection of writings that largely includes primary texts written by people hostile to our religion, and secondary scholarly writings by modern people who not only aren't members of our faith, but are openly derisive of its existence as a religion. It's no Bible, and anyway if I wanted that kind of unquestioning reliance on poorly translated and badly understood ancient maunderings, I'd be a good Christian now.“

132 Von besonderem Interesse für das germanische Neuheidentum sind außerdem Runen, Blain/Wallis 2009, 425; siehe auch Paxson 2006, 119–122.

133 Der deutsche Soziologe René Gründer bezieht beispielsweise archäologische Themen in seinen Ausführungen über die „Quellen“, aus denen Neogermanen schöpfen, gar nicht ein. Dies liegt daran, dass sie für die von ihm interviewten Personen im Rahmen seiner Forschungen entweder keine besondere Bedeutung haben, oder/und an einer diesbezüglich fehlenden Fragestellung. Dementsprechend erhielt man somit

auch keine archäologiebezogenen Antworten. Dies ist aufgrund des religionswissenschaftlichen bzw. -soziologischen Ansatzes der Analyse auch kein Wunder. Es ist aus seiner Studie also nicht erkennbar, inwieweit archäologische Quellen und wissenschaftliche, archäologische Fachliteratur von „Neogermanen" herangezogen werden, um beispielsweise germanische Rituale zu bestücken, Informationen über die Lebensweise „der Germanen" zu erhalten, oder um sich selbst auszustatten – beispielsweise mit Schmuckstücken, Thorshämmern (Gardell (2009, 624) berichtet von zahlreichen US-Anhängern von „Wotansvolk", die sich in Gefängnissen aufhalten, und denen nach intensiven Kampagnen nun in allen Bundesstaaten erlaubt ist, den Thorshammer als religiöses Symbol zu tragen.) Hinweise auf wikingerzeitliches Skandinavien in den Originalaussagen der Befragten legen eine diesbezügliche Anbindung jedoch nahe; Wallis und Blain nennen in ihrem Überblick zu *Heathenry* im „Handbook of Contemporary Paganism" an mehreren Stellen „Archaeology" als Quelle zur Ausgestaltung der eigenen religiösen Praxis; Blain/Wallis 2009, 414; 422; 425; 429.

134 Gründer 2010, 285 f.

135 Paxson 2006, 7–52; vergleichbar mit Philip Carr-Gomms (2004, 24–58) historisch-archäologischer Einführung in *Druidry*.

136 Paxson 2006, 11, anlässlich der Diskussion der Indoeuropäischen Sprachen: „In Europe, the culture diverged into a southern and a northern branch – the ‚Corded-Ware' culture, from which descended the Teutons, Celts, Balts, and Slavs." Die „Schnurkeramik" oder „Schnurkeramische Kultur" datiert in den Zeitraum 2 800–2 200 v. Chr. und ist chronologisch somit viel zu weit entfernt von etwaigen Ethnogenesen rund um die Zeitenwende, um als sinnvoller Bezugspunkt gelten zu können. Vgl. Carr-Gomms Postulat der Vorfahrenschaft des *Beaker Folks* als Vorfahren der Kelten – gemeint ist wohl die sogenannte Glockenbecherkultur, die chronologisch zeitnah zur Schnurkeramischen Kultur ins Spätneolithikum einzuordnen ist; Carr-Gomm 2004, 32.

137 Paxson 2006, 15.

138 Carr-Gomm 2004.

139 Paxson 2006, 10; samt sprachlicher Bezüge zu späteren (für das germanische Neuheidentum wesentlichen) Perioden: „Scandinavian rock art includes symbols that remained important into the Viking Age."

140 Paxson 2006, 11–13.

141 Paxson 2006, 11.

142 Paxson 2006, 18 f.; in enger Verflechtung zu den frühen „germanischen" Stämmen beschrieben.

143 Paxson 2006, 19 f.

144 Paxson 2006, 15.

145 Paxson 2006, 21–34; zur Bedeutung der Legenden und Sagen siehe 23 f.: „The stories of the heroes who lived during the Age of Migrations passed into legend,

and from legend became the stuff of popular ballads that were sung throughout the Middle Ages and have survived in remote areas like the Faeroe Islands to this day. Legends reveal the minds and hearts of the people who preserved them. By studying the old tales, we learn what the early heathens valued. By continuing to honor the heroes, we create a link with our cultural ancestors and bring their might into our own lives." Siehe auch 31: „Thus, heathens possess more information on the pre-Christian practice of their religion than any other reconstructed pagan tradition (except Hellenism) can claim."

146 Paxson 2006, 35–44.

147 Paxson 2006, 45–52.

148 Paxson (2006, 44) beschreibt, wie das Interesse an beispielsweise isländischen Quellen seitens der dänischen Obrigkeit ab dem 17. Jahrhundert wuchs: „Although the religion had been suppressed, the lore remained, and buried in the collective unconscious of the Germanic peoples, the old gods waited for men and women to call on them once more." Dass die von Paxson gezeichnete Traditionslinie ausgesprochen plausibel wirkt, ist sicherlich auch ihrer schriftstellerischen Erfahrung geschuldet, über welche sie als Romanautorin zweifellos verfügt. Darlegungen von Fakten sind dabei nicht immer säuberlich von Interpretationen getrennt, was es vielen Leser*innen erschweren dürfte, sich ein kritisches Bild von Paxsons Text zu machen – ein grundsätzliches Problem, welches allerdings durchaus auch in wissenschaftlicher Literatur manchmal sichtbar wird. Siehe hierzu Leskovar 2012a.

149 Krasskova/Kaldera (2009, 189) nennen als Schriftquellen „[...] the Poetic Edda; the Prose Edda; the Icelandic Sagas; medical, magical, and legal texts from the pre-Christian and early Christian world (the latter especially in Anglo-Saxon Heathenry, as England converted fairly early); and modern scholarship in a plethora of fields (history, linguistics, anthropology, and so on)."

150 Blain/Wallis 2009, 417; 428.

151 Paxson 2006, 160.

152 Paxson 2006, 162.

153 „Winternights, of First Frost, at some time between early October and mid November in the Northern Hemisphere, Yule, celebrated over several days around the winter solstice commencing with the Mothersnight, and the Spring Festival held at some point between March and mid-May, all these being dependent on the climate." Blain/Wallis 2009, 420.

154 Blain/Wallis 2009, 420. Paxson widmet dem Jahreskalender in ihrem Buch mehrere Seiten und ergänzt um zahlreiche Feiertage, die mit historischen Personen verknüpft sind, wie beispielsweise Erik dem Roten oder Egil Skallagrimsson, wobei nicht klar wird, weshalb dessen Tag der 9. Dezember ist; Paxson 2006, 109–113; 109 (Erik), 110 (Egil).

155 Mölders/Hoppadietz 2007: 32–36; Puschner 2006; Siewert 2002; Schnurbein 2001; Baer 1995.

156 Mölders/Hoppadietz 2007; Dusse 2006; Schnurbein 2006; Pöhlmann 2006; Schnurbein 2004; Siewert 2002; Schnurbein 2001; Hundseder 1998; Schnurbein 1996b; Schnurbein 1992a, 1992b. Stefanie von Schnurbein widmete schon ab den frühen 1990er Jahren zahlreiche Publikationen dieser Thematik.

157 Siehe zu unterschiedlichsten neogermanischen Gruppen Pöhlmann 2006, 74–81; zur Bandbreite des Verhältnisses zwischen Neogermanentum und völkischem bzw. nationalsozialistischem Gedankengut siehe auch Schnurbein 2006, 56; Mölders/Hoppadietz 2007.

158 Paxson 2006, 51: Else Christensen 1969 (*Odinist Fellowship*; USA), Stephen MacNallen 1971 (*Viking Brotherhood*, später *Ásatrú Free Assembly*; USA), A. Rud Mills 1972 (*Odinic religion*; Australien), John Yeowell 1973 (*Odinic Rite*; England); Sveinbjorn Beinteinsson 1973 (in diesem Jahr vom Parlament anerkannt, Ásatrú; Island); Garman Lord 1976 (*Theodish tradition* – konzentriert auf angelsächsische Quellen).

159 Paxson 2006, 52.

160 Gründer 2010, 305.

161 Vgl. dazu die Originalaussage einer befragten Neuheidin bei Gründer 2010, 306.

162 Rountree 2019, 105; Aitmaturto/Simpson 2013; Simpson/Filip 2013, 27; 35 f.; 36: zur möglichen Lesung von *Rodnoverie* als der Glaube an einen Gott namens Rod; zu diversen diesbezüglichen Begriffen im osteuropäischen Neuheidentum siehe ganz allgemein Simpson/Filip 2013. Zur Herkunft des Begriffs: Simpson/Filip 2013, 38: „Although the ultimate origin of the term lies in the North American diaspora, it is at its base a Slavic endonym that was not borrowed from the West." Siehe auch Aitamurto/Simpson 2013, 5.

163 Simpson/Filip 2013, 28; 30; für ein Gegenbeispiel siehe Aitamurto/Gaidukov 2013, 158.

164 Wiench 2013, 10.

165 Trotz aller Ähnlichkeiten sieht Wiench die Anbindung des Begriffs der Neuen Religiösen Bewegungen an das Neuheidentum Osteuropas insofern als problematisch an, als seiner Meinung nach die religiöse Komponente offenbar weniger stark entwickelt als in anderen Bewegungen ist; Wiench 2013, 13: „One such complication is their less clearly articulated spiritual message."

166 Rountree 2019, 105 f.

167 Wiench 2013, 12.

168 Siehe Wiench 2013, 13.

169 Simpson/Filip 2013, 39.

170 Simpson/Filip 2013, 39.

171 Simpson/Filip 2013, 39; an selber Stelle streichen Simpson/Filip heraus, dass der Begriff „Reconstructionism" in all seinen Varianten für einen Großteil der neuheidnischen Gruppen in Zentral- und Osteuropa nicht infrage kommt, weil er in den diesbezüglichen Sprachen schon für jenen Bereich besetzt ist, der im Englischen als „re-enactment" bezeichnet wird. Den Protagonist*innen ist verständlicherweise sehr daran gelegen, ernsthafte religiöse Praxis nicht damit zu verwechseln. („To apply the

name reconstruction to a sincere religious act would seem impious to many. Therefore, forms of that word are simply not available for use in those languages.")

172 https://de.wikipedia.org/wiki/Buch_von_Veles (Zugriff 1.4.2022).

173 Zu dieser Entwicklung am Beispiel von Polen siehe Gajda 2013.

174 Wiench 2013, 16.

175 Aitamurto 2013, 22.

176 Siehe allgemein zu dieser Entwicklung Aitamurto/Simpson 2013; bes. 2; siehe Simpson/Filip 2013, 36 zur Gründung einer Bewegung namens *Native Ukrainian National Faith (RUNVira)*, „with its first official branch in Chicago in 1966."

177 Hingegen bestehen große Unterschiede bei Ausmaß und Intensität der wissenschaftlichen Beschäftigung mit dem Phänomen.

178 Wiench 2013, 13.

179 Aitamurto 2013; siehe auch Shnirelman 2013.

180 Aitamurto 2013, 14; ähnlich auch Wiench 2013, 12: „It may be tempting to reach for an overly simplified approach and imply that all of the CEE [Central and Eastern European; Anm. JL] Neopagan movements are, at their heart, politically oriented, racist, and perhaps even Neo-Nazi. […] However, such an approach de-emphasizes, and perhaps even overlooks, the fact that many movements adopt a largely non-political stance, and are mostly active in the cultural realm."

181 Shnirelman 2013, 64.

182 Aitamurto 2013, 14.

183 Aitamurto/Gaidukov 2013, 151, beschreiben ein Kupalo-Fest, in dessen Verlauf eine Figur der Göttin Lada hergestellt wird. Sie berichten von einem großen Feuer, einem Getränk, das mehrmals im Kreis der Teilnehmenden herumgeht, sowie von einem Tanz um das Feuer.

184 Bei Aitamurto 2013, 25 bzw. 23 genannt.

185 Aitamurto 2013.

186 Als hauptsächliche Quelle dient dabei der Sammelband von Aitamurto und Simpson, dessen einzelne Beiträge ein sehr großes geographisches Spektrum abdecken; Kaarina Aitamurto, Scott Simpson (eds.), Modern Pagan and Native Faith Movements in Central and Eastern Europe. Studies in Contemporary and Historical Paganism. Durham 2013.

187 Wiench 2013, 24.

188 Simpson 2013, 113.

189 Simpson 2013, 114 f.; siehe zu den inoffizielleren Gruppen Scott 2013, 117.

190 Simpson 2013, 118.

191 Simpson 2013, 118.

192 Witulski 2013.

193 Lesiv 2013, 129.

194 Lesiv 2013, 130; für Shaian sind laut Lesiv außer Dazhboh (Sonnengott und für Sylenko einzige Gottheit) auch Svaroh (Oberhaupt der Götter) und Veles (Lichtgott) wichtig, neben weiteren Gottheiten.

195 Lesiv 2013, 131.

196 Lesiv 2013, 131.

197 Lesiv 2013, 132 f.; dazu zählt der auch aus dem Westen bekannte Gedanke, heidnische Götter wären zu christlichen Heiligen mutiert,

etwa Perun zu Illia (Elijah) oder Veles zur Iurii (George).

198 Lesiv 2013, 134; in diesem Zusammenhang ist auch folgende Aussage Lesivs interessant (137): „Thus, many nationally conscious Ukrainians see Pagan practices as valuable sources for identity formation, although they do not necessarily support the revival of old paganism as a religion."

199 Lesiv 2013, 134.

200 Aitamurto/Gaidukov 2013, 146 f.

201 Aitamurto/Gaidukov 2013, 152 („followers of Vedism, proper worship, and the old faith, respectively"); siehe auch die Nennung einer Reise zur archäologischen Fundstelle Arkaim (nahe der Grenze zu Kasachstan), die als prähistorisches Heiligtum gilt, durch eine der Personen, deren (spirituellen) Lebenslauf Aitamurto/Gaidukov in ihrem Beitrag beschreiben (153).

202 Aitamurto/Gaidukov 2013, 159.

203 Pranskevičiūtė 2013, 78.

204 Pranskevičiūtė 2013, 81: „The majority of contemporary pagan movements in Central and Eastern Europe are based on local ethnicity and folklore, and they are typically focused on the ideal of the reconstruction of a specific pre-Christian religion. One of such movements is the Old Baltic Faith Romuva movement, which is one of the main contemporary Pagan manifestations in Lithuania."

205 Pranskevičiūtė 2013, 81: Aus archäologischer Sicht interessant ist die hohe Bedeutung, die etwa Marija Gimbutas für moderen Anhänger*innen von *Romuva* haben dürfte – sie wird neben anderen Wissenschaftler*innen als Referenz für die Rekonstruktion herangezogen.

206 Pranskevičiūtė 2013, 81: „Sources for the material culture include archeological finds which Romuvans associate with the ethnic spiritual culture. Among Romuvans, they serve as signs of recognition about the influence of beliefs in daily life in the past (rituals that were performed, deities that were worshipped, etc.). Knowledge about archeological finds is put into practice. For example, models of weapons, jewelry, clothing, and so on found in cemeteries are used for contemporary reconstructions."

207 Pranskevičiūtė 2013, 84–89.

208 Dievas und Velnias als duales Göttergespann, das die Welt erschafft; Perkūnas als Gott des Donners, der über die Welt herrscht; Žemyna, Göttin von Erde und Fruchtbarkeit; Laima, Schicksalsgöttin; Gabija, Göttin von Feuer und Herd, Beschützerin der Familie; Medeina, Göttin des Waldes; außerdem Sonne, Mond, Morgenstern (Aušrinė); Pranskevičiūtė 2013, 84.

209 Pranskevičiūtė 2013, 89.

210 Eine praktizierende Person wird als „Dievturi" bezeichnet; Ozoliņš 2013, 96.

211 Ozoliņš 2013, 95; 96 f.

212 Ozoliņš 2013, 105.

213 Ozoliņš 2013, 98 f.

214 Ozoliņš 2013, 99. Sein Interessens- und Schaffensgebiet umfasste allerdings auch Kunstgeschichte, Religion, Malerei und Poesie.

215 Ozoliņš 2013, 99.

216 Trinität aus Dievs, Māra, Laima; Ozoliņš 2013, 99.
217 Ozoliņš 2013, 101.
218 Ozoliņš 2013, 104.
219 Ozoliņš 2013, 106.
220 Dulov 2013, 204.
221 Dulov 2013, 206.
222 Dulov 2013, 206 f.
223 „This allows a relatively wider platform for influence – among the community, which denies the Slavic origin of the Bulgarians by ideological reasons – and among the Slavophiles, thus permitting contacts with Slavic Pagan organizations in Eastern Europe.“ Dulov 2013, 208.
224 Hubbes 2013, 213.
225 Hubbes 2013, 217.
226 Hubbes 2013, 213; siehe Hinweis auf Zalmoxis in antiken Schriftquellen wie Herodot bei Hubbes 226, Fußnote 5; Hubbes 2013, 217.
227 Hubbes 2013, 218.
228 Zum Begriff „Protochronism“ für „theories which posit a primordial and uninterrupted ethnic identity and which unnaturally exaggerate and sanctify its history, claiming that it preceded other nations in time, importance, and achievements“ siehe Hubbes 2013, 215 f.
229 Hubbes 2013, 218.
230 Als eine Ausnahme, die speziell aus archäologischer Sicht interessant ist, nennt Hubbes „solemn gatherings at archeological Dacian sites such as Sarmesigetuza“ (2013, 224).
231 Hubbes 2013, 220; eine Ausnahme scheint die *Gebeleizis Association* zu sein; Hobbes 2013, 222 f.
232 Szilárdi 2013, 240.
233 Szilárdi 2013, 230 f.
234 Szilárdi 2013, 234 f.
235 Szilárdi 2013, 236.
236 Szilárdi 2013, 237.
237 Szilárdi 2013, 238.
238 Diese Bezeichnung wird von Antonyan/Siekierski 2013, 266 mit „Order of Children of Ara“ übersetzt.
239 Antonyan/Siekierski 2013, 267.
240 Antonyan/Siekierski 2013, 268 f.; als Beispiel für die (auch im westlichen Neuheidentum häufig auftretende) Aneignungs-Idee gelten offenbar auch die angebliche Überlappung vorchristlicher und christlicher Feste; armenische Neuheiden nutzen Kirchen auch vor dem Hintergrund ihrer Errichtung auf zerstörten heidnischen Tempeln (269).
241 Antonyan/Siekierski 2013, 271–273.
242 Ara, Anahit, Vahagn, Astghik, Mihr, Tir, Yahvah, Vishap, siehe Antonyan/Siekierski 2013, 271.
243 „[...] German, Iranian, Greek, Slavic, and other ethnic groups.“ Antonyan/Siekierski 2013, 274.
244 Antonyan/Siekierski 2013, 273 f.
245 Antonyan/Siekierski 2013, 274.
246 https://de.wikipedia.org/wiki/Tempel_von_Garni (Zugriff 22.2.2021); siehe Antonyan/Siekierski 2013, 275 zur Nutzung der Fundstelle durch Neuheid*innen (gratis Eintritt bei Ritualen; Pflanzung von Marillenbäumen in unmittelbarer Nähe, in die in weiterer Folge im Rahmen von (Bitt-)Ritualen Bänder und Tücher gehängt werden; Feuer außerhalb des Tempels; keine Hinterlassenschaften im Tempel, auch aufgrund der intensiven touristischen Nutzung des Ortes).

247 https://de.wikipedia.org/wiki/Mezamor_(historische_St%C3%A4tte) (Zugriff 22.2.2021); siehe dort auch zu Grabanlagen.

248 Antonyan/Siekierski 2013, 275.

249 Antonyan/Siekierski 2013, 281, Fußnote 38.

250 Antonyan/Siekierski 2013, 275.

251 Antonyan/Siekierski 2013, 276; „In fact, Neopagans have invented their ritual calendar anew based on ‚Armenian tradition' rather than made a historical reconstruction with the help of ethnographic and archeological data."

252 Dostálová 2013, 166.

253 Dostálová 2013, 173 f.

254 Dostálová 2013, 167, mit Hinweisen auf zwei (mögliche) Ausnahmen.

255 Dostálová 2013, 170.

256 Dostálová 2013, 171.

257 Zeus, Hera, Poseidon, Demeter, Aphrodite, Hephaistos, Apollo(n), Artemis, Ares, Athene, Hestia, Hermes.

258 Rountree 2019, 104; sie spricht von *ethnic politics* im Unterschied zu *gender politics*.

259 Rountree 2019, 108.

260 Rountree 2019, 108 f.

261 http://www.mauler.info/khaire/allgemein.htm (Zugriff 18.7.2020): „Hellenismos ist die Interpretation der antiken polytheistischen Religion für unsere Zeit. Die meisten Hellenisten gründen ihr kosmologisches und theologisches Verständnis in rekonstruktionistischer Weise auf die Werke antiker Autoren und die Ergebnisse der modernen Altertumsforschung, welche viele Ansätze für Details der rituellen Praxis anzubieten hat. Durch die Lektüre von primären und sekundären Quellen gelangen Hellenisten über lang oder kurz irgendwann wie von selbst zur Betrachtungsweise im griechischen Geiste, woraufhin es auch nicht mehr schwer ist, etwaige Lücken und Bedürfnisse der Glaubensausübung durch eigene Neuerungen und Anpassungen zu füllen. Solche Neuerungen werden allerdings in keinem Fall als historische Fakten hingestellt."

262 Rountree 2019, 106; 109 f.

263 Für den deutschsprachigen Raum siehe beispielsweise Mos Maiorum – Der Römische Weg: https://incipesapereaude.wordpress.com (Zugriff 5.1.2022).

264 Davy 2007, 156.

265 https://www.saturniatellus.com/category/in-english/ (Zugriff 22.2.2021).

266 Für weitere Beispiele in Italien siehe https://it.wikipedia.org/wiki/Via_romana_agli_dei (Zugriff 1.4.2021); in dem Artikel findet sich auch die Ablehnung des Begriffs „Pagan" für das römisch konnotierte Neuheidentum.

267 http://www.novaroma.org/nr/Main_Page (Zugriff 22.2.2021); laut Adler (2006, 549) aktiv seit 1998; siehe auch https://en.wikipedia.org/wiki/Nova_Roma (Zugriff 5.3.2021).

268 Hierbei mag es sich jedoch um einen groben Irrtum handeln: Möglicherweise existieren umfangreiche Studien, die mir schichtweg unbekannt sind beziehungsweise in für mich leider unverständlichen Sprachen publiziert wurden.

269 Siehe beispielsweise auf einer

deutschsprachigen Website zum Kemetismus sogar die Beschäftigung mit den archäologischen Kulturen vor dem altägyptischen Reich: http://kemetismus.de/altes-aegypten-was-war-vorher/ (Zugriff 22.2.2021).

270 Harrison 2018, 104; 113: Siuda ist ausgebildete Ägyptologin, siehe auch http://www.kemet.org/nisut-biography (Zugriff 29.3.2021).

271 Harrison 2018, 107; 138–141 zur entsprechenden Debatte innerhalb der Szene.

272 Harrison 2018, 115–125.

273 Harrison 2018, 116.

274 Harrison 2018, 122–124; Richard Reidy, der mittlerweile verstorbene Gründer des Temple of Ra, publizierte mit „Eternal Egypt. Ancient Rituals for the Modern World" (2010) eine umfassende Ritualanleitung; posthum erschien „Everlasting Egypt. Kemetic Rituals for the Gods"; interessant ist Reidys Aussage gegenüber Harrison (2018, 152): „I do regret that I did not stress the importance of not getting sidetracked with having precisely the correct ritual objects, or the mistake belief that the ritualist must always perform the rituals exactly as I have given them in all their details."

275 Siehe beispielhaft Almond/Seddon 2011, wobei zumindest Almond laut eigener Aussage eine enge Bindung an die Fellowship of Isis hat.

276 Zur Ritualpraxis in Kemetic Orthodoxy siehe Harrison 2018, 108; regelmäßige Rituale des House of Netjer im Rahmen der „State Religion" werden laut eigener Formulierung eines Praktizierenden durchgeführt „to bring Ma´at into the world" – Harrison 2018, 146.

277 Almond/Seddon 2011, 63–253; der überwiegende Teil des Buches dient der Vorstellung der einzelnen Gottheiten und ihrer mythologischen Bedeutung; zu jeder Gottheit finden sich einzelne Anrufungen samt Quellenhinweisen; zur Ritualpraxis im Kemetismus allgemein siehe Harrison 2018, 145–155; zum Bemühen um möglichst authentische Praxis siehe Harrison 2018, 190: „[…] might also be interpreted in terms of piety and a desire to do the gods of Egypt genuine service as authentically – that is, as closely to the original practitioners – as possible […]"

278 Zu im Kemetismus genutzten Objekten siehe Harrison 2018, 156–177.

279 Almond/Seddon 2011, 40: Hinweis auf erhaltene Anubis-Masken für altägyptische Priester und Textquellen; siehe auch Naydler 2005.

280 Almond/Seddon 2011, 39–42.

281 Almond/Seddon 2011, 45.

282 Harrison 2018, 112; an dieser Stelle sei auf die anhaltende Debatte über die Beziehung zwischen Kemetismus und African Traditional Religions hingewiesen; je nach Standpunkt können/sollen dadurch Elemente anderer afrikanischer Religionen in den Kemetismus einfließen dürfen, oder auch nicht – siehe unter anderem Harrison 2018, 133.

283 Einer der in der Hierarchie von *Kemetic Orthodoxy* aktiven Priester, mit denen Harrison im Zuge seiner

Forschungen korrespondierte, wehrte sich gegen den Begriff „Rekonstruktionismus" in Bezug auf seine Religion. Seiner Meinung nach gilt dieser Begriff beispielsweise für *Druidry*, weil hier keinerlei Schriftquellen vorliegen, und Praktizierende sich deshalb die Basis für ihre Religion gewissermaßen mühsam zusammensuchen müssen. Im Unterschied dazu wüssten die Praktizierenden im Kemetismus aufgrund der guten Quellenlage sehr wohl, wie praktiziert wurde – „so ours was the task of collecting all of this information and reviving the religion." Harrison 2018, 132.

284 Siehe für einen Überblick Harrison 2018, 130–133.

285 Hutton 2001, 2–83; Harrison 2018, 91–93; die für die spätere Entwicklung des Neuheidentums wichtige Britin Margaret Murray war Ägyptologin.

286 „While many Reconstructionists seek to bypass Egyptian esoterica in favour of Egyptian primary sources, over two centuries of dialogue on these subjects, including many mythologisations, have accrued layers of meaning." Harrison 2018, 93.

287 Cowan 1998; über Tengrismus, der sich nach dem Fall des Kommunismus in Ungarn und Bulgarien wieder entwickelt hat, Wiench 2013, 24.

288 Stuckrad 2003, 137 f.; 152–159.

289 Stuckrad 2003, 152.

290 Stuckrad 2003, 155.

291 Stuckrad 2003, 123; allgemein zu Eliade 123–135.

292 Stuckrad 2003, 124.

293 Siehe beispielsweise die Website der Foundation for Shamanic Studies: www.shamanicstudies.net.

294 Stuckrad 2003, 129 f.

295 Stuckrad 2003, 130.

296 Zitiert nach Stuckrad 2003, 133.

297 Stuckrad 2003, 134 f.: Eliades Expertise wird auch von Autoren neo-schamanischer Werke nicht in Zweifel gezogen; ganz im Gegenteil wird ihm bescheinigt, ein ausgewiesener Spezialist zu sein, dessen Meinungen hochgeachtet sind. Stuckrad nennt als Belege dafür Texte von Drury (1989), Harner (1996), Uccusic (1991), Cowan (1997) und Ingerman (1998). Diese Autor*innen sind eng verbunden mit Michael Harners neo-schamanischen Lehren und Theorien.

298 Siehe allgemein und zur von Harner gegründeten *Foundation for Shamanic Studies:* Stuckrad 2003, 159–174 bzw. www.shamanicstudies.net.

299 Stuckrad nennt es den „gemeinsamen Nenner" bzw. die „Schnittmenge aller schamanischen Traditionen"; Stuckrad 2003, 159.

300 Harner 1990.

301 Siehe dazu auch Stuckrad 2003, 169.

302 Hahn 1994, 114.

303 Urban 2000, 378, Anm. 36.

304 Neugebauer-Maresch 1993, 18.

305 Street 1989; Street/Wild 2014.

306 Porr 2004; Meller/Michel 2022.

307 Carr-Gomm (2004, 39) bezeichnet das frühe Druidentum (und er spricht hier von der „Anfangsphase in der neolithischen Zeit") als „wahrscheinlich zunächst animistisch und schamanisch, bis

es sich in die drei getrennten Ströme der Barden, Vaten und Druiden [...] entwickelte"; Coven Tanita-Pan hat ein eigenes Kapitel (2002, 25–30) zu „Der Hexenkult als Erbe des Schamanismus"; siehe auch Scott Cunningham, eines seiner ersten Kapitel heißt „Wicca-Kult und Schamanimus" (2001, 17–22).

308 Persönliche Erfahrung.

309 Uccusic 1992, 38: „Man darf also annehmen – exakte Beweise aus jener Zeit, die vorgeschichtlich ist, fehlen naturgemäß –, daß der Berufene der altsteinzeitlichen Jägerkultur zunächst einfach sein Gewand anlegte, wenn er schamanisch zu arbeiten hatte."

310 Uccusic 1992, 49; siehe auch 73 (Hinweis auf Megalithdenkmäler) sowie 77 (Bedeutung von Krafttieren für steinzeitliche Jäger).

311 Harner 1990, xvii („[...] from time immemorial"); xix („ancient techniques"); xx („ancient methods of shamanism"; „ancient way"); xxviii („ancient shamanic adventure"); 51 („Archaeological and ethnological evidence suggests that shamanic methods are at least twenty to thirty thousand years old. Quite possibly, the methods have much greater antiquity [...]").

312 Harner 1990, 51, 52.

313 Harner 1990, xxvi („[...] it was obviously dangerous to be a shaman in Europe during the time of the inquisition [...]"); 52 („Even in the historical literature from the Classical Mediterranean, or from medieval and Renaissance western Europe, one finds evidence that the same basic shamanic knowledge once existed there until it was largely eradicated by the Inquisition."); 55 („In medieval and Renaissance Europe, widows and elderly women similarly often became healing shamans, partly to support themselves. Of course, the Inquisition termed them ‚witches', as Christian missionaries commonly still call shamans in non-Western societies."); 77 („The ancient shamanic belief in the ability to transform oneself into an animal survived in Western Europe until the Renaissance.").

314 „Seidr is the intriguing and powerful early Norse system of shamanistic trance practices." Gerrard 2011, Buchrückseite; über Seidh und den Begriff Seidhkona siehe Paxson 2006, 117; zu Seidh im Detail Paxson 2006, 123–126; Bonewits (2006, VIII) würdigt Paxsons Beitrag zur Erforschung und Praxis von *seidh (seidr)* „a quasi-shamanic style of oracular trancework".

315 Im Rahmen eines Interviews antwortete Annette Høst, Gründungsmitglied des Skandinavian Center for Shamanic Studies auf die Frage „Does This Mean That In Order to Practise Seiðr We Need to Follow the Religion of the Vikings?" folgendermaßen: „However now that we know how a seiðr works I prefer to let go of all that historical fringe and concentrate on the timeless aspect of seiðr. We are not recreating the past." Davor führt sie kurz aus, dass es bei Seiðr (im Interview-Titel als „the old Norse way of shamanic magic" bezeichnet) nicht um die Verehrung der (wikingerzeitlichen,

nordischen) Asen-Gottheiten geht, und auch nicht unbedingt um jene der Vanen, obwohl jene dem naturverbundenen Seiðr-Gedanken näherstehen würden. Man gewinnt den Eindruck, dass für die Entwicklung der modernen Form von Høsts Schamanismus der Blick in die Vergangenheit durchaus wesentlich war. Sie spricht im Laufe des Interviews davon, die Edda als Quelle benutzt zu haben. Der deutliche Hinweis auf die „zeitlosen Aspekte" bestätigt meine Vermutung, dass die Traditionslinie in eine bestimmte Vergangenheit für erfahrene Praktizierende (nicht nur des Schamanismus) mit der Zeit immer unwesentlicher wird. Høst äußert sich auch zur Frage der Verbindung ihres schamanischen Weges zu (mittelalterlicher) Hexerei bzw. folk magic. Sie sieht darin überlebende Elemente des Seiðr und drückt dies so aus: „Just try to imagine the practise of seiðr trying to go on in spite of a more hostile climate."

316 https://www.shamanism.dk/article-close-to-nature (Zugriff 1.4.2022).

317 Price 2002, 140 f.

Themen, Orte und Objekte

1 Ein Befund ist ein auf einer Grabung dokumentierbarer Zusammenhang – beispielsweise ein Grab, bestehend aus Grabgrube, Füllung, Grabeinbauten (z. B. Sarg), tote Person, Grabbeigaben in ihrer Lage zueinander, Angaben zu Tiefe, Himmelsrichtungen, Schichtzusammenhängen usw. Weitere typische Beispiele für Befunde sind Pfostenlöcher oder Gruben.

2 Kowarik 2019 mit umfangreicher Literatur.

3 Siehe beispielsweise zum Umgang mit dem Keltenbegriff in diversen Facetten auch Leskovar 2012a, 149–208.

4 Klarer Umgang mit der Chronologie bedeutet meinem Fach entsprechend die Verwendung von Bezeichnungen relativer Zeitstufen, weniger absoluter Zahlen. Perioden ergeben sich aus chronologisch interpretierten Materialgruppen – die Anfangs- und Endzeitpunkte sind fließend, weil sich die Methoden der genauen Datierung im Laufe der Forschungsgeschichte änderten und immer noch ändern. Die Bronzezeit bleibt somit zwar immer noch die Bronzezeit, aber aus Sicht der Forschung ist das Potenzial bekannt, dass Beginn und Ende sich auf der Zeitachse immer wieder ein wenig verschieben können. Auch deshalb haben sich die Bezeichnungen zu Perioden (z. B. mittlere Bronzezeit, ältere Eisenzeit) und Kulturen (Hügelgräberkultur, Hallstattkultur) als Fachtermini als nützlich erwiesen, um nicht ständig die exakten und aktuell geltenden chronologischen Daten kommunizieren zu müssen.

5 Die Zeiten, da die Archäologie „scharf umgrenzte Kulturprovinzen" definierte und sie mit aus historischen Quellen bekannten Völkernamen gleichsetzte, hatten mit Gustav Kossinna einst einmal

ihre Blütephase, sind aber mittlerweile unwiederbringlich vorbei; Kossinna 1911. Zur Kritik daran siehe umfassend Eggers 1959, 199–254.

6 Leskovar 2012a, 127 f.

7 Chapman 1992; Collis 2003; James 1999; Karl 2004; 2008; Pauli 1980; Rieckhoff 2007.

8 Zum Nachweis dieser Verwendung siehe Leskovar 2012a, 189–191.

9 Rieckhoff 2007, 24.

10 Gebhard 1993, 2.

11 Konrad Spindler, Die frühen Kelten. Stuttgart 1983; Birkhan 1997, 45; Pauli 1975, 14; Gebhard 1993, 2, 4–6; Cunliffe 1980, 7; siehe allgemein Leskovar 2012a, 157.

12 Exemplarisch sei für den Themenkreis auf die umfassende Studie von Brather (2004) verwiesen.

13 „Volkwerdungsprozesse“, beispielsweise diskutiert für Goten, Alemannen, Baiern usw.

14 Siehe beispielsweise Meier 2012, 63–107; 137–219.

15 Hingley 2005.

16 Hall 2018, 15 f.

17 Siehe zusammenfassend Brather 2004, 593-601; Mallory 1989.

18 Siehe Häusler 1998.

19 Zur Rolle von M. Gimbutas bei der Verbreitung der Invasionstheorie (Schnurkeramiker hätten die friedlichen Ackerbaukulturen des Neolithikums überrannt) und die Übernahme von E. Wahle siehe Häusler 1998, 4.

20 Siehe exemplarisch Almond/Seddon 2011; Aldridge 2017.

21 Siehe auch Leskovar 2020.

22 Siehe Meid 1992; Olmsted 1994; Megaw 1989; Derks 1998.

23 Maier 2001, 73–93; Green 1997, 12 f.; Wood 1997, 145–148; 150.

24 Maier 2001, 73.

25 Wood 1997, 146.

26 Maier 2001, 85 f.

27 Maier 2001, 83–85; Birkhan 1997, 683–694; Wood 1997, 146 f.

28 Cunningham 2001, 24; Starhawk 1988, 108 (im Rahmen einer Mediation für den Hexenkessel); 119; http://www.wicca-spirituality.com/wiccan-goddesses.html (Zugriff 1.2.2023).

29 Siehe zur Bedeutung von Cerridwens Kessel für Wicca Rensing 2007, 236.

30 Green 1997, 68 f.

31 Birkhan 1997, 730; 871; bei ihm „Ceritwen“.

32 Green schreibt dessen ungeachtet über sie: „But she was almost certainly a goddess, a prophet and a creator“; Green 1997, 69.

33 Wood 1999, 11 f.

34 Rensing 2007, 235–237.

35 Zum Beispiel bei Edel/Wallrath 2000, 179; Raeburn 2001, 44 f.

36 Maier 2001, 93. Green wiederum sieht kein Problem darin, an eine „shared tradition“ zu glauben, selbst wenn sie einräumt, dass es dafür wenig Nachweise gibt; Green 1997, 188.

37 Raeburn 2001, 45; Kalweit 2002, 174.

38 Hutton 2001, 194.

39 Davy 2007, 20; Hutton 2001, 196.

40 Birkhan 1997; Hachmann 1990; Hatt 1980; Nielsen et al. 2005; Olmsted 2001.

41 Davy 2007, 56.

42 Siehe beispielsweise Conway 2001, 273–286.

43 Carr-Gomm 2004, 118.
44 Hutton 2007, 61.
45 Löffler 2007; Jenkins et al. 2007; Constantine 2007.
46 Paxson 2006, 111; Coven Tanita-Pan 2002, 123; Crowley 1998, 194.
47 Paxson 2006, 112; Neger 2009, 83; Rensing 2007, 227.
48 Neger 2009, 83; Rensing 2007, 231.
49 Neger 2009, 84; Rensing 2007, 233; West 2006, 77.
50 Coven Tanita-Pan 2002, 128; 130.
51 Interessanterweise übernimmt beispielsweise die Religionswissenschaftlerin Barbara Jane Davy, die sich intensiv mit dem Neuheidentum auseinandergesetzt hat, die Interpretation dieser vier Feste als „keltisch“: „This festival cycle is of Celtic origin“ (Davy 2007, 57). Sie bezieht sich dabei teilweise auf Hutton („Stations of the Sun“).
52 Kelly 2000, 460–462.
53 Kelly 2000, 460 f.
54 Kelly 2000, 461.
55 Cowan 1998, 78–80; Edel/Wallrath 2000, 177.
56 Matthews 1999, 75; Rabey 2002, 88.
57 Böckl 2004, 78; Cowan 1998, 78; Matthews 1999, 75.
58 Gründer nennt als Bezeichnungen für diese Feste im germanischen Neuheidentum „Disting“, „Wonnenacht“, „Schnitterfest“ und „Winternächte“ (Gründer 2010, 115).
59 Rabey 2002, 89; hier taucht auch die häufige Verbindung zur (Heiligen) Brigid auf.
60 Böckl 2004, 80.
61 Die Feste finden häufig jeweils am Abend bzw. in der Nacht vor dem jeweiligen genannten Datum statt.
62 http://www.rabenclan.de/index.php/Heidentum/SlawischesHeidentum-Jahresfeste (Zugriff 29.4.2013).
63 http://www.irminsul.org/arc/010sz.html (Zugriff 1.2.2023); Aitamurto/Gaidukov 2013, 151.
64 Bei Aitamurto 2013, 25 bzw. 23 genannt.
65 http://en.wikipedia.org/wiki/Slavic_mythology#Calendar_and_festivals (Zugriff 1.2.2023) – „rooted in pagan times“.
66 http://www.irminsul.org/arc/010sz.html; http://www.starisloveni.com/English/Festivals.html (Zugriff 1.2.2023).
67 Z. B. www.pagan-forum.de.
68 Duvat/Pinault 1986; Olmsted 1992; Bernecker 1998.
69 Siehe für eine Gesamtdarstellung des Phänomens Heiss/Leskovar 2013.
70 Unter Ogham (auch Ogam) versteht die Forschung „eine in der Regel auf Kanten geschriebene Schrift, die aus Kerbstrichen in verschiedener Richtung für die Konsonanten und Kerbpunkten für die Vokale besteht“, die geographisch den britischen Inseln, chronologisch in ihrem Ursprung dem ersten halben nachchristlichen Jahrhundert zugeordnet wird; Birkhan 2012, 1407 f.
71 Insofern dürfen wissenschaftliche Ergebnisse zu Alter, Bauweise und Nutzung ignoriert oder umgedeutet werden, sobald sie einmal publiziert und damit an die Öffentlichkeit freigegeben sind.
72 Zur „Battle of the Beanfield“ von 1985 siehe Blain/Wallis 2007, XV; https://en.wikipedia.org/wiki/Battle_of_the_Beanfield (Zugriff 7.4.2021).

73 Blain/Wallis 2007, XV. In aller Deutlichkeit weisen sie darauf hin, dass die Beschäftigung mit diesem Themenkreis zu den Arbeitsbereichen der Fachwelt ganz einfach dazugehört. Dies gilt ihrer Meinung nach auch deshalb, weil die neuheidnische Szene selbst intensiv publiziert, online präsent und entsprechend öffentlich gut sichtbar ist, wohl wesentlich besser als die Ergebnisse der akademischen Forschung. Blain/Wallis 2007, 1 f. und 5.

74 Blain/Wallis 2007, 27 f.

75 Blain/Wallis 2007, 28.

76 Siehe auch Blain/Wallis 2007, 42.

77 Leskovar 2018.

78 Blain/Wallis 2007, 33–38.

79 „In an extreme example, Peak District archaeologist John Barnatt [...] describes a stone circle being ‚altered' by a group who apparently held that the stones were wrongly positioned, according to their information obtained from dowsing." („dowsing" = Wünschelrutengehen) – Blain/Wallis 2007, 42.

80 Siehe zu unterschiedlichen Sichtweisen Blain/Wallis 2007, 38; „Preservation, where considered, is put second to access."

81 Siehe Blain/Wallis 2007, 36.

82 Leskovar 2018.

83 97 % der deutschsprachigen und 94,4 % der englischsprachigen Teilnehmenden.

84 Blain/Wallis 2007, 42.

85 Mellaart 1973.

86 Hodder 2010; 2015.

87 Rountree 2019, 115.

88 Siehe für einen detaillierten Überblick Röder/Hummel/Kunz 1996, 299–345.

89 Tully 2019.

90 Paxson 2006.

91 Leskovar 2012a, 130.

92 Für absolute Daten einzelner Denkmäler siehe Müller 1999, die zwar veraltet sind, was an ihrer hier relevanten Grundaussage – Megalithdenkmäler sind nicht eisenzeitlich – aber nichts ändert.

93 Hutton 2001; 2007.

94 Bieg 2002; siehe auch das Kapitel „Kesselkult und ‚Dingbeseelung'" bei Birkhan 1997, 809–817.

95 Siehe Huth 2021 samt weiterführender Literatur.

96 Sowie, wie allgemein bekannt sein dürfte, für Comiczeichner*innen.

97 Siehe auch Fehlmanns Analyse zur Bedeutung dieser Figurinen für die Matriarchatsdebatte, 2011, 147–152.

98 Zur historischen Entwicklung der Nutzung des Venus-Begriffs für prähistorische Frauenstatuetten auch im Zusammenhang mit der erschreckenden Geschichte von Sara Baartman siehe Cook 2015; White 2006, bes. 263; 282.

Abschließende Betrachtungen

1 Zur Diskussion der Pendelbewegung zwischen Aufklärung und Re-Sakralisierung siehe Stuckrad 2003, 269.

2 Gründer 2010, 14.

3 Gründer 2010, 14.

4 Dazu auch Blain/Wallis 2007, 16.

5 Hervorhebung im Original; Stuckrad 2003, 279.

6 https://www.weltanschauungsfragen.at/lexikon/hexen-neue ; https://www.ezw-berlin.de/publikationen/

lexikon/neuheidentum/; https://de.catholicnewsagency.com/story/sich-als-spirituell-aber-nicht-religios-zu-betrachten-ist-neuheidentum-warnt-bischof-3236 ; https://www.confessio.de/artikel/302 (7.2.2023).

7 Zum Schlagwort „fremde Wüstenreligion" siehe Gründer 2010, 320; 324 f.; allgemein siehe Gründer 2010, 319–325.

8 Gründer 2010, 315–319.

9 „[…] the more voices that are involved in interpreting the past, the richer our understanding of that past may become." Blain/Wallis 2007, 121.

10 Um es mit Blain/Wallis (2007, 11) zu sagen: „But at which point does a ‚tradition' become ‚authentic' and when does it become ‚valid'?"

Literatur

Margot Adler, *Drawing down the moon. Witches, Druids, Goddess-Worshippers and other Pagans in America.* New York 2006.

Kaarina Aitamurto, Gender in Russian Rodnoverie. In: *The Pomegranate.* The International Journal of Pagan Studies 15.1–2, 2013, 12–30.

Kaarina Aitamurto, Scott Simpson (eds.), *Modern Pagan and Native Faith Movements in Central and Eastern Europe.* Studies in Contemporary and Historical Paganism. Durham 2013.

Kaarina Aitamurto, Scott Simpson, Introduction: Modern Pagan and Native Faith Movements in Central and Eastern Europe. In: Kaarina Aitamurto, Scott Simpson (eds.), *Modern Pagan and Native Faith Movements in Central and Eastern Europe.* Studies in Contemporary and Historical Paganism. Durham 2013, 1–9.

Kaarina Aitamurto, Alexey Gaidukov, Russian Rodnoverie: Six Portraits of a Movement. In: Kaarina Aitamurto, Scott Simpson (eds.), *Modern Pagan and Native Faith Movements in Central and Eastern Europe.* Studies in Contemporary and Historical Paganism. Durham 2013, 146–163.

Chris Aldridge, *Hellenic Polytheism. A Personal Guide for Ancient Greek Practitioners.* Wrozław 2017.

Jocelyn Almond, Keith Seddon, *Egyptian Paganism.* Woodbury 2011.

Yulia Antonyan, Konrad Siekierski, A Neopagan Movement in Armenia: The Children of Ara. In: Kaarina Aitamurto, Scott Simpson (eds.), *Modern Pagan and Native Faith Movements in Central and Eastern Europe.* Studies in Contemporary and Historical Paganism. Durham 2013, 266–282.

Melanie Augstein, Stefanie Samida, *Vom Kult zum Pop? Die Kelten und Halloween in der gegenwärtigen Alltagskultur.* SPIEL. Siegener Periodicum zur Internationalen Empirischen Literaturwissenschaft 24/2, 2005, 389–402.

Annemarie Bernecker, *Der gallorömische Tempelkalender von Coligny.* Bonn 1998.

Gebhard Bieg, *Hochdorf V – Der Bronzekessel aus dem späthallstattzeitlichen Fürstengrab von Eberdingen-Hochdorf (Kr. Ludwigsburg).* Forschungen und Berichte zur Vor- und Frühgeschichte in Baden-Württemberg 83, 2002.

Jörg Biel, Sabine Rieckhoff, *Die Kelten in Deutschland.* Stuttgart 2001.

Helmut Birkhan, *Kelten. Versuch einer Gesamtdarstellung ihrer Kultur.* Wien 1997.

Helmut Birkhan, Ogam. In: Susanne Sievers, Otto H. Urban, Peter C. Ramsl (Hrsg.), *Lexikon zur Keltischen Archäologie.* Mitteilungen der Prähistorischen Kommission 73, 2012, 1407–8.

Otto Bischofberger, Vom alten zum neuen Heidentum – Eine religionsgeschichtliche Hinführung. In: Otto Bischofberger, Peter Hölzle, Stefanie von Schnurbein, *Das neue Heidentum. Rückkehr zu den alten Göttern oder neue Heilsbotschaft?* Freiburg (Schweiz) 1996, 11–41.

Jenny Blain, Robert J. Wallis, *Sacred Sites – Contested Rites/Rights. Pagan Engagements with Archaeological Monuments.* Brighton/Portland 2007.

Jenny Blain, Robert J. Wallis, Heathenry. In: James R. Lewis, Murphy Pizza (eds.), *Handbook of Contemporary Paganism.* Brill Handbooks on Contemporary Religion Vol. 2. Leiden/Boston 2009, 413–431.

Isaac Bonewits, Foreword. In: Diana L. Paxson, *Essential Ásatrú.* New York 2006, VII–IX.

Sebastian Brather, *Ethnische Interpretationen in der frühgeschichtlichen Archäologie. Geschichte, Grundlagen und Alternativen.* Ergänzungsbände zum Reallexikon der Germanischen Altertumskunde Bd. 42, 2004.

Philip Carr-Gomm, *Die Weisheit der Druiden. Eine Einführung in die keltische Spiritualität.* Stuttgart 2004.

John Collis, *Celts. Origins, Myths and Inventions.* Stroud 2003.

Mary-Ann Constantine, *The Truth against the World. Iolo Morganwg and Romantic Forgery.* University of Wales Press 2007.

D. J. Conway, *Wicca. The complete craft.* New York 2001.

Jill Cook, *Was bedeutet ein Name? Ein Rückblick auf die Ursprünge, Geschichte und Unangemessenheit des Begriffs Venusfigur.* Zeitschrift für niedersächsische Archäologie 66, 2015, 43–72.

Coven Tanita-Pan, *Hexen des Alten Weges. Praktische Magie und die Mysterien von Transzendenz und Macht.* München 2002.

Tom Cowan, *Schamanismus. Eine Einführung in die tägliche Praxis.* Kreuzlingen–München 1997.

Tom Cowan, *Die Schamanen von Avalon. Reisen in die Anderswelt der Kelten.* Kreuzlingen–München 1998.

Aleš Črnič, Neopaganism in Slovenia. In: Kaarina Aitamurto, Scott Simpson (eds.), *Modern Pagan and Native Faith Movements in Central and Eastern Europe.* Studies in Contemporary and Historical Paganism. Durham 2013, 182–194.

Vivianne Crowley, *Wicca. Die alte Religion im neuen Zeitalter.* Bad Ischl ^{2}1998.

Barry Cunliffe, *Die Kelten und ihre Geschichte.* Bergisch Gladbach 1980.

SCOTT CUNNINGHAM, *Wicca. Eine Einführung in weiße Magie.* München 2001.

CAROLE M. CUSACK, The Return of the Goddess. In: James R. Lewis, Murphy Pizza (eds.), *Handbook of Contemporary Paganism.* Brill Handbooks on Contemporary Religion Vol. 2. Leiden/Boston 2009, 335–362.

BARBARA JANE DAVY, *Introduction to Pagan Studies.* Lanham/New York/Toronto/Plymouth 2007.

BARBARA JANE DAVY (ed.), *Paganism. Critical Concepts in Religious Studies.* Abingdon/New York 2009.

TON DERKS, *Gods, Temples and Ritual Practices. The transformation of religious ideas and values in Roman Gaul,* Amsterdam Archaeological Studies 2, 1998.

ANNA-MARIA DOSTÁLOVÁ, Czech Neopagan Movement and Leaders. In: Kaarina Aitamurto, Scott Simpson (eds.), *Modern Pagan and Native Faith Movements in Central and Eastern Europe.* Studies in Contemporary and Historical Paganism. Durham 2013, 164–181.

THOMAS A. DOWSON, MARTIN PORR, Special objects – special creatures: Shamanistic imagery and the Aurignacien art of south-west Germany. In: Neil S. Price (ed.), *The Archaeology of Shamanism.* London 2001, 165–177.

ETHAN DOYLE WHITE, In Defense of Pagan Studies: A Response to Davidsen's Critique. *The Pomegranate: The International Journal of Pagan Studies 14.1,* 2012, 5–21.

NEVILL DRURY, *The Elements of Shamanism.* Longmead, Shaftsbury, Dorset 1989.

VLADIMIR DULOV, Bulgarian Society and the Diversity of Pagan and Neopagan Themes. In: Kaarina Aitamurto, Scott Simpson (eds.), *Modern Pagan and Native Faith Movements in Central and Eastern Europe.* Studies in Contemporary and Historical Paganism. Durham 2013, 195–212.

PAUL-MARIE DUVAT, GEORGES PINAULT (Hrsg.), *Recueil des Inscriptions Gauloises (R.I.G.). Volume III, Les Calendriers (Coligny, Villards d'Héria). XLVe supplément à ‚Gallia'.* Paris: Éditions du Centre National de la Recherche Scientifique 1986.

HANS JÜRGEN EGGERS, Einführung in die Vorgeschichte. München 1959 (1986).

ANTOINE FAIVRE, *Esoterik im Überblick. Gemeine Geschichte des abendländischen Denkens.* Freiburg i. Br. 2001.

MERET FEHLMANN, *Die Rede vom Matriarchat. Zur Gebrauchsgeschichte eines Arguments.* Zürich 2011.

TIKVA FRYMER-KENSKY, *In the wake of the Goddesses. Women, Culture, and the Biblical Transformation of Pagan Myth.* New York 1992.

AGNIESZKA GAJDA, Romanticism and the Rise of Neopaganism in nineteenth-century Central and Eastern Europe: The Polish Case. In: Kaarina Aitamurto, Scott Simpson (eds.), *Modern Pagan and Native Faith Movements in Central and Eastern Europe.* Studies in Contemporary and Historical Paganism. Durham 2013, 44–61.

Mattias Gardell, Wolf Age Pagans. In: James R. Lewis, Murphy Pizza (eds.), *Handbook of Contemporary Paganism.* Brill Handbooks on Contemporary Religion Vol. 2. Leiden/Boston 2009, 611–626.

Rupert Gebhard, Die Kelten – ein Volk Alteuropas. In: Hermann Dannheimer & Rupert Gebhard (Hrsg.), *Das keltische Jahrtausend.* Ausstellungskatalog München, Mainz 1993, 2–6.

Katie Gerrard, *Seidr. The gate is open.* London 2011.

Marija Gimbutas, *Die Sprache der Göttin. Das verschüttete Symbolsystem der westlichen Zivilisation.* Frankfurt/Main 1996.

Marija Gimbutas, *Die Zivilisation der Göttin. Die Welt des alten Europa.* Frankfurt/Main 1996.

Felicitas D. Goodman, *Trance. Der uralte Weg zum religiösen Erleben.* Gütersloh 1992.

Miranda Green, *Celtic Goddesses: Warriors, Virgins and Mothers.* London 1997.

René Gründer, *Blótgemeinschaften. Eine Religionsethnografie des „germanischen Neuheidentums".* Grenzüberschreitungen 9, 2010.

Rolf Hachmann, *Gundestrup-Studien. Untersuchungen zu den spätkeltischen Grundlagen der frühgermanischen Kunst.* Ber. RGK 71, 1990, 565–903.

Joachim Hahn, Menschtier- und Phantasiewesen. In: *Der Löwenmensch. Tier und Mensch in der Kunst der Eiszeit.* Begleitpublikation zur Ausstellung, Ulm 1994, 101–115.

Edith Hall, *Die Griechen und die Erfindung der Kultur.* München 2018.

Jean-Jaques Hatt, Eine Interpretation der Bilder und Szenen auf dem Silberkessel von Gundestrup. In: Ludwig Pauli (Hrsg.), *Die Kelten in Mitteleuropa. Kultur. Kunst. Wirtschaft.* Salzburger Landesausstellung 1. Mai–30. Sept. 1980 Keltenmuseum Hallein, Salzburg 1980, 68–75.

Michael Harner, *The Way of the Shaman.* New York [3]1990.

Michael J. Harner, *Der Weg des Schamanen. Ein praktischer Führer zur inneren Heilkraft.* Neuausgabe Reinbek 1996 (Rowolt).

Paul Harrison, *Profane Egyptologists: The Revival and Reconstruction of Ancient Egyptian Religion.* UCL (University College London), 2018.

Henning Hassmann, Archaeology in the Third Reich. In: Heinrich Härke, *Archaeology, Ideology and Society. The German Experience.* Gesellschaften und Staaten im Epochenwandel 7, Frankfurt 2000.

Alexander Häusler, *Zum Ursprung der Indogermanen. Archäologische, anthropologische und sprachwissenschaftliche Gesichtspunkte.* Ethnographisch-Archäologische Zeitschrift 39, 1998, 1–46.

Andreas G. Heiss, Jutta Leskovar, *Der „keltische Baumkalender" – Zur Entwicklung und Rezeption eines Mythos.* Ethnographisch-Archäologische Zeitschrift 54, 1/2, 2013, 99–136.

Richard Hingley, *Globalizing Roman Culture. Unity, Diversity and Empire.* Abingdon/New York 2005.

IAN HODDER, LYNN MESKELL, The symbolism of Çatalhöyük in its regional context. In: Ian Hodder (ed.), *Religion in the emergence of civilisation, Çatalhöyük as a case study.* Cambridge University Press, Cambridge 2010.

IAN HODDER (ed.), *Religion at work in a Neolithic society.* Cambridge University Press, Cambridge 2015.

MICHAEL HOWARD, *Modern Wicca. A History from Gerald Gardner to the Present.* Woodbury 2009.

FRANCESCA CIANCIMINO HOWELL, Bellisama and Aradia: Paganism Re-emerges in Italy. In: Kathryn Rountree (ed.), *Contemporary Pagan and Native Faith Movements in Europe. Colonialist and Nationalist Impulses.* New York/London 2015, 261–284.

LÁSZLÓ-ATTILA HUBBES, Romanian Ethno-Paganism: Discourses of Nationalistic Religion in Virtual Space. In: Kaarina Aitamurto, Scott Simpson (eds.), *Modern Pagan and Native Faith Movements in Central and Eastern Europe.* Studies in Contemporary and Historical Paganism. Durham 2013, 213–229.

CHRISTOPH HUTH, Ist der Papst katholisch? Glaubt der Papst an Gott? Überlegungen zur Logik und Praxis früheisenzeitlicher Weltanschauung. In: Alfred Weidinger, Jutta Leskovar (Hrsg.), *Interpretierte Eisenzeiten 9. Fallstudien, Methoden, Theorie.* Tagungsbeiträge der 9. Linzer Gespräche zur interpretativen Eisenzeitarchäologie. Studien zur Kulturgeschichte von Oberösterreich 51, 2021, 15–23.

RONALD HUTTON, *The Triumph of the Moon. A History of Modern Pagan Witchcraft.* Oxford University Press 2001.

RONALD HUTTON, The New Druidry. In: ders., *Witches, Druids and King Arthur,* London 2003, 239–258.

RONALD HUTTON, *The Druids.* London 2007.

RONALD HUTTON, *Blood and Mistletoe. The History of The Druids in Britain.* New Haven/London 2009.

RONALD HUTTON, Revisionism and Counter-Revisionism in Pagan History. *The Pomegranate.* The International Journal of Pagan Studies 13.2, 2011, 225–256.

RONALD HUTTON, *The Witch. A History of Fear, from Ancient Times to the Present.* New Haven 2017.

RONALD HUTTON, *Queens of the Wild. Pagan Goddesses in Christian Europe: An Investigation.* Yale University Press 2022.

SANDRA INGERMAN, *Auf der Suche nach der verlorenen Seele. Der schamanische Weg zu innerer Ganzheit.* Kreuzlingen–München 1998.

GERAINT H. JENKINS, FFION MAIR JONES, DAVID CERI JONES, *The Correspondence of Iolo Morganwg.* University of Wales Press 2007.

RAIMUND KARL, Die Kelten gab es nie! Sinn und Unsinn des Kulturbegriffs in Archäologie und Keltologie. In: Raimund Karl (Hrsg.), *Archäologische Theorie in Österreich. Eine Standortbestimmung.* Wien 2006.

FERGUS KELLY, *Early Irish Farming.* Dublin 2000.

KERSTIN KOWARIK, *Hallstätter Beziehungsgeschichten. Wirtschaftsstrukturen und Umfeldbeziehungen der bronze- und ältereisenzeitlichen Salzbergbaue von Hallstatt/OÖ.* Studien zur Kulturgeschichte von Oberösterreich 50, 2019.

GALINA KRASSKOVA, RAVEN KALDERA, *Northern Tradition for the Solitary Practitioner.* New York 2009.

ISABEL LAACK, Sacred Sites in Glastonbury (England): Erfindung, Erfahrung und Erfassung alter und neuer Rituale. In: Matthias Egeler (Hrsg.), *Germanische Kultorte. Vergleichende, historische und rezeptionsgeschichtliche Zugänge.* Münchner Nordistische Studien Bd. 24, 2009, 66–106.

MARIYA LESIV, Ukrainian Paganism and Syncretism: „This is indeed ours!“ In: Kaarina Aitamurto, Scott Simpson (eds.), *Modern Pagan and Native Faith Movements in Central and Eastern Europe.* Studies in Contemporary and Historical Paganism. Durham 2013, 128–145.

JUTTA LESKOVAR, *Alte Kelten – Neue Druiden. Archäologie, Neuheidentum und der Keltenbegriff.* Oberösterreichische Heimatblätter, 64. Jg., H. 3/4, 2010, 119–131.

JUTTA LESKOVAR, *Kämpfen um die Kelten. Archäologische Argumente in der neuheidnischen Literatur und der Keltenbegriff in der Fachliteratur.* Keltische Forschungen, Allgemeine Buchreihe 2, Wien 2012.

JUTTA LESKOVAR, „Keltische Religion“. Neuheidnische und wissenschaftliche Sichtweisen. In: Raimund Karl, Jutta Leskovar, Stefan Moser (Hrsg.), *Die erfundenen Kelten – Mythologie eines Begriffes und seine Verwendung in Archäologie, Tourismus und Esoterik. Interpretierte Eisenzeiten. Fallstudien, Methoden, Theorie.* Tagungsbeiträge der 4. Linzer Gespräche zur interpretativen Eisenzeitarchäologie – Tagung im Keltenmuseum Hallein Nov. 2010. Studien zur Kulturgeschichte von Oberösterreich 31, 2012.

JUTTA LESKOVAR, Eisenzeitliche Argumente im Neodruidentum. In: Peter Anreiter, Eszter Bánffy, László Bartosiewicz, Wolfgang Meid, Carola Metzner-Nebelsick (Hrsg.), *Archaeological, Cultural and Linguistic Heritage.* Festschrift for Erzsébet Jerem in Honour of her 70th Birthday. Archaeolingua, Budapest 2012, 379–391.

JUTTA LESKOVAR, Neopaganism, archaeological content and the belief in „Celts“. In: Elisabeth Niklasson, Thomas Meier (eds.), *Appropriate narratives. Archaeologists, publics and stories.* Archaeolingua, Budapest 2013, 185–199.

JUTTA LESKOVAR, Neo-Paganism and Sacred Places – A Survey in Austria and Beyond. In: Jutta Leskovar, Raimund Karl (eds.), *Archaeological Sites as Space for Modern Spiritual Practice.* Newcastle upon Tyne 2018, 124–142.

JUTTA LESKOVAR, „Brigid, I call thy name“ – Keltische Göttinnen im Neuheidentum. In: Julia Katharina Koch, Christina Jacob, Jutta Leskovar

(Hrsg.), *Prähistorische und antike Göttinnen. Befunde – Interpretationen – Rezeption.* Frauen – Forschung – Archäologie 13, 2020, 247–265.

ACHIM LEUBE, MORTEN HEGEWISCH (Hrsg.), *Prähistorie und Nationalsozialismus. Die mittel- und osteuropäische Ur- und Frühgeschichtsforschung in den Jahren 1933-1945.* Tagung Humboldt-Universität Berlin November 1998. Studien zur Wissenschafts- und Universitätsgeschichte 2, 1998.

JAMES R. LEWIS, Celts, Druids and the Invention of Tradition. In: James R. Lewis, Murphy Pizza (eds.), *Handbook of Contemporary Paganism.* Brill Handbooks on Contemporary Religion Vol. 2. Leiden/Boston 2009, 479–493.

JAMES R. LEWIS, PIA ANDERSSON, Introduction. In: James R. Lewis, Pia Andersson (eds.), *Alternative Archaeology.* Numen. International Review for the History of Religions, thematic issue 59/2-3 2012. Leiden, Netherlands: Brill, 119–124.

MARION LÖFFLER, *The Literary and Historical Legacy of Iolo Morganwg 1826–1926.* University of Wales Press 2007.

J. P. MALLORY, *In Search of the Indo-Europeans. Language, Archaeology and Myth.* London 1989.

BERNHARD MAIER, *Die Religion der Kelten. Götter, Mythen, Weltbild.* München 2001.

RUTH AND VINCENT MEGAW, *Celtic Art. From its beginning to the Book of Kells.* Sculpture 1989, 166–173.

WOLFGANG MEID, *Gaulish inscriptions.* Archaeolingua Series minor 1, 1992.

CHRISTIAN MEIER, *Kultur, um der Freiheit willen. Griechische Anfänge – Anfang Europas?* München 2012.

JAMES MELLAART, *Çatal Hüyük – Stadt aus der Steinzeit.* 2. Auflage. Bergisch Gladbach 1973.

HARALD MELLER, KAI MICHEL, Das Rätsel der Schamanin. Eine archäologische Reise zu unseren Anfängen. Hamburg 2022.

LYNN MESKELL, *Goddesses, Gimbutas and „New Age" archaeology.* Antiquity 69, 1995, 74–86.

DOREEN MÖLDERS, RALF HOPPADIETZ, *Odin statt Jesus! Europäische Ur- und Frühgeschichte als Fundgrube für religiöse Mythen neugermanischen Heidentums?,* Rundbrief Theorie AG 6/1, 2007, 32–48.

JOHANNES MÜLLER, Zur Entstehung der europäischen Megalithik. Current research on the absolute dating of European megaliths. In: *Studien zur Megalithik.* Beiträge zur Ur- und Frühgeschichte Mitteleuropas 21, 1999, 51–81.

JOHANNES MÜLLER, Zur absolutchronologischen Datierung der europäischen Megalithen. In: Barbara Fritsch et al. (Hrsg.), *Tradition und Innovation. Prähistorische Archäologie als historische Wissenschaft.* Festschrift Christian Strahm [= Internationale Archäologie. Studia honoraria 3], 1997.

SEBASTIAN MURKEN, *Neue religiöse Bewegungen aus religionspsychologischer Perspektive.* Marburg 2009.

JEREMY NAYDLER, *Shamanic Wisdom in the Pyramid Texts: The Mystical Tradition of Ancient Egypt.* Rochester 2005.

BIRGIT NEGER, *Moderne Hexen und Wicca. Aufzeichnungen über eine magische Lebenswelt von heute.* Wien, Köln, Weimar 2009.

CHRISTINE NEUGEBAUER-MARESCH, *Zur altsteinzeitlichen Besiedlungsgeschichte des Galgenberges von Stratzing/Krems-Rehberg.* Archäologie Österreichs 4/1, 1993, 10–19.

SVEND NIELSEN et al., *The Gundestrup Cauldron. New Scientific and Technical Investigations.* Acta Archaeologica 76/2, 2005, 1–58.

CATHERINE NOBLE, From Fact to Fallacy. The evolution of Margaret Alice Murray's witch-cult. In: Barbara Jane Davy (ed.), *Paganism. Critical Concepts in Religious Studies* Vol. I History and Development. Abingdon/New York 2009, 54–74.

JÜRGEN OBMANN, DERK WIRTZ, *Orte der Kraft? Bodendenkmale im Spannungsfeld zwischen Archäologie und Esoterik.* Kölner Jahrbuch 27, 1994, 565–594.

OLIVER OHANECIAN, *Wer Hexe ist, bestimme ich. Zur Konstruktion von Wirklichkeit im Wicca-Kult.* Schenefeld 2005.

GARRETT S. OLMSTED, *The Gaulish calendar.* Bonn 1992.

GARRETT S. OLMSTED, *The Gods of the Celts and the Indo-Europeans.* Archaeolingua Sonderheft 92, 1994.

GARRETT OLMSTED, *Celtic art in transition during the first century BC.* Archaeolingua 12, 2001, 58–61, 129–152.

CHRISTIN OSTERWALDER-MAIER, *Die Rache der Unterlegenen. Keltische Siege im mystischen Nebel.* Archäologie der Schweiz 14/1, 1991, 53–60.

GATIS OZOLIŅŠ, The Dievturi Movement in Latvia as Invention of Tradition. In: Kaarina Aitamurto, Scott Simpson (eds.), *Modern Pagan and Native Faith Movements in Central and Eastern Europe.* Studies in Contemporary and Historical Paganism. Durham 2013, 94–111.

LUDWIG PAULI, *Keltischer Volksglaube. Amulette und Sonderbestattungen am Dürrnberg bei Hallein und im eisenzeitlichen Mitteleuropa.* Münchner Beiträge zur Vor- und Frühgeschichte 28, 1975.

DIANA L. PAXSON, *Essential Ásatru. Walking the path of norse paganism.* New York 2006.

MARTIN PORR, Grenzgängerin – Die Befunde des mesolithischen Grabes von Bad Dürrenberg. In: Bernd Beispiel (Hrsg.), *Katalog zur Dauerausstellung im Landesmuseum für Vorgeschichte Halle.* Band 1. Halle Saale 2004, 291–300.

RASA PRANSKEVIČIŪTĖ, Contemporary Paganism in Lithuanian Context: Principal Beliefs and Practices of Romuva. In: Kaarina Aitamurto, Scott Simpson (eds.), *Modern Pagan and Native Faith Movements in Central and Eastern Europe.* Studies in Contemporary and Historical Paganism. Durham 2013, 77–93.

NEIL S. PRICE, *The Viking Way. Religion and War in Late Iron Age Scandinavia.* Department of Archaeology and Ancient History, Uppsala University, Aun 31, 2002, Uppsala.

JANE RAEBURN, *Celtic Wicca. Ancient Wisdom for the 21st Century.* New York 2001.

PATRICIA RAHEMIPOUR, Die Utopie von der Vergangenheit. Ein archäologischer Blick auf die moderne Keltenrezeption. In: Hans-Ulrich Cain, Sabine Rieckhoff (Hrsg.), *Fromm-Fremd-Barbarisch. Die Religion der Kelten.* Mainz am Rhein 2002, 123–126.

BRITTA RENSING, *Die Wicca-Religion. Theologie, Rituale, Ethik.* Marburg 2007.

ANDY REYMANN, *Das religions-ethnologische Konzept des Schamanen in der prähistorischen Archäologie.* Frankfurter Archäologische Schriften 28, 2015.

SABINE RIECKHOFF, Die Erfindung der Kelten. In: Raimund Karl, Jutta Leskovar (Hrsg.), *Interpretierte Eisenzeiten 2. Tagungsbeiträge der 2. Linzer Gespräche zur interpretativen Eisenzeitarchäologie.* Studien zur Kulturgeschichte von Oberösterreich 19, 2007, 23–37.

KATHRYN ROUNTREE (ed.), *Contemporary Pagan and Native Faith Movements in Europe.* Colonialist and Nationalist Impulses. New York/London 2015.

KATHRYN ROUNTREE, Transforming Deities: Modern Pagan Projects of Revival and Reinvention. In: Dylan Michael Burns, Almut-Barbara Renger, *New Antiquities. Transformations of Ancient Religion in the New Age and Beyond.* Sheffield/Bristol 2019, 103–126.

STEFANIE V. SCHNURBEIN, *Göttertrost in Wendezeiten. Neugermanisches Heidentum zwischen New Age und Rechtsradikalismus.* München 1992.

STEFANIE V. SCHNURBEIN, *Religion als Kulturkritik. Neugermanisches Heidentum im 20. Jahrhundert.* Heidelberg 1992.

STEFANIE V. SCHNURBEIN, Die Suche nach einer ‚arteigenen' Religion in ‚germanisch-' und ‚deutschgläubigen' Gruppen. In: Uwe Puschner, Walter Schmitz, Justus H. Ulbricht (Hrsg.), *Handbuch zur ‚Völkischen' Bewegung' 1871–1918,* München 1996, 172–185.

STEFANIE V. SCHNURBEIN, Weiblichkeitskonzeptionen im neugermanischen Heidentum und in der feministischen Spiritualität. In: Otto Bischofberger, Peter Hölzle, Stefanie von Schnurbein, *Das neue Heidentum. Rückkehr zu den alten Göttern oder neue Heilsbotschaft?* Freiburg (Schweiz) 1996, 42–71.

STEFANIE V. SCHNURBEIN, Neuheidnische Religionsentwürfe von Frauen. In: Otto Bischofberger, Peter Hölzle, Stefanie von Schnurbein, *Das neue Heidentum. Rückkehr zu den alten Göttern oder neue Heilsbotschaft?* Freiburg (Schweiz) 1996, 72–103.

STEFANIE V. SCHNURBEIN, Transformationen völkischer Religion seit 1945. In: Stefanie v. Schnurbein, Justus H. Ulbricht (Hrsg.), *Völkische Religion und Krisen der Moderne. Entwürfe ‚arteigener' Glaubenssysteme seit der Jahrhundertwende.* Würzburg 2001, 409–429.

STEFANIE V. SCHNURBEIN, Religion of Nature or Racist Cult? Contemporary Neogermanic Pagan Movements in Germany. In: Hubert Cancik & Uwe Puschner (Hrsg.), *Antisemitismus,*

Paganismus, Völkische Religion. München 2004, 135–149.

STEFANIE V. SCHNURBEIN, Neugermanisches Heidentum. Kontext. Ideologie. Weltanschauung. In: Matthias Pöhlmann (Hrsg.), *Odins Erben. Neugermanisches Heidentum: Analyse und Kritik.* Evangelische Zentralstelle für Weltanschauungsfragen. Texte 184 (2006), 51–67.

WOLFGANG SEIDENSPINNER, *Archäologie, Volksüberlieferung, Denkmalideologie. Anmerkungen zum Denkmalverständnis der Öffentlichkeit in Vergangenheit und Gegenwart.* Fundberichte aus Baden-Württemberg 18, 1993, 1–15.

VICTOR A. SHNIRELMAN, Russian Neopaganism: From Ethnic Religion to Racial Violence. In: Kaarina Aitamurto, Scott Simpson (eds.), *Modern Pagan and Native Faith Movements in Central and Eastern Europe.* Studies in Contemporary and Historical Paganism. Durham 2013, 62–75.

SCOTT SIMPSON, MARIUSZ FILIP, Selected Words for Modern Pagan and Native Faith Movements in Central and Eastern Europe. In: Kaarina Aitamurto, Scott Simpson (eds.), *Modern Pagan and Native Faith Movements in Central and Eastern Europe.* Studies in Contemporary and Historical Paganism. Durham 2013, 27–43.

SCOTT SIMPSON, Polish Rodzimowierstwo: Strategies for (Re)Constructing a Movement. In: Kaarina Aitamurto, Scott Simpson (eds.), *Modern Pagan and Native Faith Movements in Central and Eastern Europe.* Studies in Contemporary and Historical Paganism. Durham 2013, 112–127.

HEIKO STEUER, Das „völkisch" Germanische in der deutschen Urgeschichtsforschung. In: Heinrich Beck, Dieter Geuenich, Heiko Steuer (Hrsg.), *Zur Geschichte der Gleichung „germanisch-deutsch".* Ergänzungsbände zum Reallexikon der Altertumskunde 34, 2004, 355–502.

MARTIN STREET, *Jäger und Schamanen. Bedburg-Königshoven. Ein Wohnplatz am Niederrhein vor 10.000 Jahren.* Röm.-Germ. Zentralmus. 1989, 49–53.

MARTIN STREET, MARKUS WILD, Schamanen vor 11 000 Jahren? In: *Eiszeitjäger. Leben im Paradies. Europa vor 15 000 Jahren.* Begleitbuch zur Ausstellung LVR-LandesMuseum Bonn 2015. Bonn 2014, 274–287.

KOCKU VON STUCKRAD, *Schamanismus und Esoterik. Kultur- und wissenschaftsgeschichtliche Betrachtungen.* Leuven 2003.

RÜDIGER SÜNNER, *Schwarze Sonne. Entfesselung und Missbrauch der Mythen in Nationalsozialismus und rechter Esoterik.* Freiburg 2001.

RÉKA SZILÁRDI, Neopaganism in Hungary: Under the Spell of Roots. In: Kaarina Aitamurto, Scott Simpson (eds.), *Modern Pagan and Native Faith Movements in Central and Eastern Europe.* Studies in Contemporary and Historical Paganism. Durham 2013, 230–248.

CAROLINE TULLY, The Artifice of Daidalos: Modern Minoica as Religious Focus in Contemporary Paganism. In: Dylan Michael Burns, Almut-Barbara Renger, *New Antiquities. Transformations of Ancient Religion in the New Age and Beyond.* Sheffield/Bristol 2019, 76–102.

PAUL UCCUSIC, *Der Schamane in uns. Schamanismus als neue Selbsterfahrung, Hilfe und Heilung.* Genf/München 1992.

OTTO H. URBAN, *Der lange Weg zur Geschichte. Die Urgeschichte Österreichs.* Wien 2000.

ROGER N. WALSH, *Der Geist des Schamanismus.* Frankfurt/M. 1998.

KATE WEST, *Hexen-Handbuch. Eine vollständige Einführung in die Kunst.* München 2006.

RANDALL WHITE, *The Women of Brassempouy: A Century of Research and Interpretation.* Journal of Archaeological Method and Theory, Vol. 13, No. 4, 2006, 251–304.

PIOTR WIENCH, A postcolonial key to understanding Central and Eastern European Neopaganism. In: Kaarina Aitamurto, Scott Simpson (eds.), *Modern Pagan and Native Faith Movements in Central and Eastern Europe.* Studies in Contemporary and Historical Paganism. Durham 2013, 10–26.

MACIEJ WITULSKI, „Imported" Paganism in Poland in the Twenty-First Century: A Sketch of the Developing Landscape. In: Kaarina Aitamurto, Scott Simpson (eds.), *Modern Pagan and Native Faith Movements in Central and Eastern Europe.* Studies in Contemporary and Historical Paganism. Durham 2013, 298–314.

Bildnachweis

Copyright Naturhistorisches Museum, Fotos Alice Schumacher: 153 (links), 156, 159

Flora Fellner: Autorinnenfoto

Rare Book Division, The New York Public Library. „Many poor women imprisoned and hanged for witches" The New York Public Library Digital Collections. 1655. PD: 65

Shutterstock.com: 1000 Words 22, 70; Anastasios71 100; Andreas_Bergerstedt 112 Anna Krivitskaya 32; Azarii Gorchakov 117; BERK OZDEMIR 75; Bob Hilscher 33; Borys Vasylenko 169; Bukhta Yurii 154; Charbonnier Thierry 118; chrisdorney 55; CL-Medien 103; CornishShaman 152; CW Pix 109; David Tadevosian 83; Dawid K Photography 37; Everett Collection 59; Evgeniy Sergeyevich Sinyutin 40; Frank Bach 151; Gary Perkin 52; GTW 97; iuliia_n 149; John And Penny 27; John Kotlowski 69; ju_see 10, 30, 33, 44, 160; Marie Dashkova 47; Morphart Creation 130; Nejron Photo 28; Olga Turovskaja 145; paw 136; Pete Stuart 73; Philip Robinson 1 67; Robyn of Exeter 155; Sergey Bezgodov 91; Stephen Chung 104; Sytilin Pavel 34. Pagina-Illustration: 4LUCK; Titelfoto: Jozef Klopacka/shutterstock.com

Wikimedia Commons: PD: 60

Wikimedia Commons/Nationalmuseet Kopenhagen (CC BY 3.0) 153

Wikimedia Commons, Çatalhöyük, 7400 BC, Konya, Turkey – UNESCO World Heritage Site (CC BY 4.0) 148

Wikimedia Commons/Balazs Barnucz, Lebensbaumkreis (CC BY-SA 3.0) 142

Wikimedia Commons/Fossum rock carving Sweden (CC BY 3.0) 76

Schau schau!

In mittelalterlichen Kirchen fühlt man sich oft von kopfförmigen Skulpturen an den Kapitellen geradezu beobachtet. In Gesellschaft steinerner Masken, Tiere, ja bisweilen Monstren, Pflanzen und geometrischer Figuren geben sie viel über die religiösen Vorstellungen einer Epoche preis, die bis heute auf uns eine rätselhafte Faszination ausübt.
Da es sich bei den Kopfskulpturen und Motiven um ein gesamteuropäisches Phänomen handelt, werden immer wieder Vergleiche aus anderen Regionen gezeigt. Die formale Entstehung dieser steinernen Masken und Gesichter in Romanik und Gotik sind ebenso Thema wie die Psychologie ihrer Wirkung. Die Fülle der Beispiele erlaubt eine eingehende Diskussion dieser Interpretationen und ermöglicht tiefe Einblicke in die faszinierende religiöse Mentalität des Mittelalters.

Mit Fotografien von Eva-Maria Mrazek

Köpfe und Masken
192 Seiten, französische Broschur
978-3-7025-0741-1